어서와~ 재테크는 처음이지?

일러두기

1. 인명과 지명, 투자 용어는 되도록 현행 외래어 표기법을 따랐습니다.
   그러나 책 내용을 좀 더 이해하기 쉽게 관용적 표현을 쓴 것도 있습니다.
2. 이 책은 투자 참고용으로 투자 손실에 대해서는 법적 책임을 지지 않습니다.

어서와~ 재테크는 처음이지?

사회 초년생을 위한 자산관리 첫 걸음

신동국 지음

처음북스

✦머리말✦

지금 시작하면 미래가 바뀝니다!

"어서와, 재테크는 처음이지?"

이 한마디는 제가 사회 초년생 여러분들께 전하는 첫 인사이자, 바로 이 책의 출발이 되는 질문입니다. 워런 버핏은 말했습니다.

"돈을 벌기 가장 좋은 때는 바로 지금이다. 두 번째로 좋은 시점은 10년 전이었다."

즉, 재테크는 빨리 시작할수록 유리합니다. 이제 막 사회에 나와 월급을 받기 시작한 여러분, 혹시 월급이 언제나 통장을 스쳐 지나간다고 느낀 적 없나요? 내 집 마련, 결혼 자금, 노후 준비는커녕, 학자금 대출, 월세, 생활비로 눈 깜짝할 사이에 돈이 사라지는 현실… 바로 그 순간, 여러분은 금융 문맹 상태로 사회에 첫 발을 내디딘 것입니다.

조금 더 멀리 볼까요? 세계는 저성장 국면에 진입했으며, 물가 상승률은 여전히 높습니다. 열심히 일한다고 해서 과거처럼 안정적인 삶이 보장되는 시대는 지났습니다. 저축만으로는 자산을 지키기도, 불리는 것도 쉽지 않은 세상입니다.

이제 '금융적 자기 관리 능력'은 선택이 아니라 필수 생존 기술이 되었습니다. 이 책은 그중에서도 특히 우리 사회 초년생 청년들을 위한 이야기입니다. 저는 여기에 '빨리 부자가 되는 법'이 아니라 '꾸준히 내 삶을 가꿔 나가는 법'에 대해 알려주고 싶은 마음을 담았습니다. 정부와 민간이 공급하는 유동성 과잉 시대, 고비용·저성장·양극화 사회에서 힘들고 어려운(평균적인) 삶을 사는 보통 청년들에게, 이 책이 조금이나마 보탬이 되길 바랍니다.

저는 지난 몇 년간 다양한 연령층을 위한 경제 도서를 집필했습니다. 2023년에는 청소년을 위한 경제, 2024년에는 은퇴자를 위한 경제, 그리고 2025년 사회 초년생을 위한 경제 도서인 《어서와, 재테크는 처음이지?》를 펴냅니다. 청소년 책을 쓸 때는 학교에서 아이들에게 돈을 버는 것과 쓰는 것의 중요성을 제대로 알려주지 않기 때문에, 그것이 속물적인 것이 아니라 건전한 사회 흐름을 위해 꼭 필요한 것임을 이야기하고 싶었습니다.

《반은퇴》는 직장을 잃고 모아 놓은 돈이 점점 줄어서, 설 자리를 잃어가는 5060세대를 위해 썼습니다. 국가가 고성장 시대일 때는 사회의 허리인 이들을 감언이설로 꾀어 힘들게 일을 시키다가, 정작 노후가 되니 아무도 돌봐주지 않는 슬픈 현실을 경제적 측면에서나마 헤아리고, 보탬이 되고 싶었습니다.

이번 도서는 편집 과정에서 출판사로부터 많은 도움을 받았음을 밝힙니다. 독자 입장에서 쉽게 읽힐 수 있도록 부족한 원고를 여러 차례 보완하며 저보다 더 열심히 만들어 주셨습니다. 처음북스의 안유석 대표님, 구준모 팀장님, 권수정 디자이너님 덕분에 원석이 보석으로 거듭났습니다.

집필을 시작하며, 수강생인 숙명여대 대학원생들에게 받은 질문과, 주기적으로 등산을 다니는 장웅수 박사님, 트레킹을 함께한 업계 동료들, 그리고 고교 친구들의 조언이 큰 도움이 되었습니다. 2024년 직장생활을 시작한 규섭과 곧 사회생활을 시작할 인섭, 두 아들과의 대화도 이 책의 출발이었습니다. 그리고 무엇보다 이 책 집필의 공동저자는 인생의 반려자, 이상희입니다.

도와주신 모든 분들에게 이 한 페이지를 빌려 감사 인사를 드립니다.

신동국

✦차례✦

CHAPTER 01

더 나은 인생을 위한 투자의 필요성과 개념

내 월급만으로 앞으로 먹고살 수 있을까?

CHAPTER 02

투자 준비 어떻게 해야 하나요?

용어, 금융상품 그리고 대체투자까지

CHAPTER 03

투자를 시작합니다!

주식과 암호자산에 대하여

CHAPTER 04

투자 규모 확대와 자산 형성

투자 재원의 시작과 투자의 끝

CHAPTER 05

투자할 때 반드시 알아야 할 3가지

세금, 대출, 보험

CHAPTER 06

투자 시장에서 롱런을 위한 멘탈 관리

부록

질문과 대답

부를 쌓는 데에는 빠른 길이 없다.
하지만 꾸준한 길은 있다.

✦모건 하우절✦

프롤로그

사회 초년생이지만 가난하게 살고 싶지 않아요

흔히 인생은 여행과 같다고 말하곤 하죠. 여행을 떠나기 전에 먼저, 이 글을 좀 더 이해하기 쉽게 사회 초년생 김지혜 씨를 예로 들어보려고 합니다.

김지혜 씨는 갓 취업한 20대 후반의 직장인입니다. 연봉은 3,000만 원, 세금을 제하고 나면 실수령 월급은 약 225만 원 정도예요. 여기서 월세 75만 원, 학자금대출 상환 15만 원이 빠져나가고 나면, **가처분소득**♣ 135만 원. 이걸로 통신비, 렌탈료, 식비, 교통비까지 해결해야 하니, 사회생활이 시작됐다는 말이 무색할 정도로 빠듯하죠.

저도 사회에 첫발을 내디뎠을 때만 해도, '돈'은 너무 복잡하고 어려운 주제처럼 느껴졌어요. 월급을 받기 전까지는 용돈을 받으며 살았고, 처음 내 통장에 월급이 들어왔을 땐, 그게 무슨 마법처럼 느껴

> **가처분소득**: 세금, 고정 지출 등을 제하고 실제로 자유롭게 쓸 수 있는 돈.

졌죠.

그런데 참 이상하죠. 월급을 받은 지 며칠 지나지 않았는데, 돈이 사라져버린 거예요. 정말 모래알처럼 손가락 사이로 스르르 빠져나가는 기분이었어요. 각종 세금과 카드값이 빠져나가면서 월급이 통장을 스치듯 지나쳤죠.

그러다 어느 날 문득, 이런 생각이 들었어요. '이러다가는… 나중에 나이 들어서도 계속 가난하게 사는 거 아닐까?' 어쩌면 이 글을 읽고 있는 당신도 비슷한 생각을 해본 적이 있지 않을까요? 그래서 이 이야기를 꼭 하고 싶었어요.

"돈에 대해 너무 늦게 알게 된다면, 그때까지의 시간이 너무 아깝지 않나요?"

우리 다시 김지혜 씨 이야기로 돌아가 볼까요.

김지혜 씨는 오래 꿈꿔왔던 여행을 떠났습니다. 도착한 곳은 이스탄불. 성소피아 성당을 보고, 피에르 로티 언덕에 올라 도시를 내려다보고, 갈라타탑에서 커피 한 잔을 마시고, 톱카프 궁전을 관람하고, 보스포루스해협을 유람선 타고 건너며 유럽과 아시아의 풍경을 동시에 바라보는 여행. 그리고 해 질 무렵, 갈라타 다리 밑의 카페에 앉아 맥주를 한 잔하며 여행을 마무리하죠.

상상만으로도 즐겁지요? 그런데 여행에는 반드시 '돈'이 필요합니다. 마찬가지로, 인생이라는 여정을 제대로 즐기기 위해서도 돈은 꼭 필요합니다. 물론 돈이 인생의 전부는 아니지만, 돈이 없으면 '하고 싶은 것' 대신 '해야만 하는 것'만 하게 되죠.

이제부터 우리는 돈과 삶, 그리고 어떤 선택을 해야 할지에 대해 함께 생각해보려 합니다. 그 첫걸음으로, 아래 질문들을 한번 읽어보세요. 모두 YES or NO로 대답하지 않아도 괜찮아요.

그저 지금 내 마음이 어떤 생각을 향하고 있는지 가볍게 점검하는 기분으로 체크해보면 좋겠어요.

Q.01 나는 돈 공부를 열심히 하면 돈을 벌 수 있다고 생각한다.

Q.02 전문가나 유명한 사람은 나에게 좋은 투자 조언을 해줄 수 있다고 믿는다.

Q.03 나는 꽤 합리적인 편이고, 내 가치관은 투자에도 도움이 된다고 생각한다.

Q.04 가끔은 남들보다 먼저 '돈이 되는 정보'를 접할 때가 있다.

Q.05 내가 열심히만 살면 좋은 결과가 당연히 따라올 거라 믿는다.

Q.06 세상은 성실한 사람에게 기회를 준다고 생각한다.

Q.07 운도 노력으로 만들 수 있다고 생각한다.

Q.08 다수가 맞다고 하면 나도 따라야 한다는 생각이 든다.

Q.09 자산배분보다는 단기매매로 자산 형성의 초기 자금(시드머니♣)을 만들고 싶다.

Q.10 은행마다 예적금 이자를 꼼꼼히 따져 가입하면 목돈을 마련할 수 있을 거라 생각한다.

이 질문들에 정답은 없습니다. 다만, 이 과정을 통해 지금의 당신은

어떤 믿음과 기대를 하고 있는지를 살펴볼 수 있습니다. 그게 바로 우리가 앞으로 돈에 대해 제대로 이해하고, 주도적으로 선택하는 삶을 살기 위한 첫걸음이에요.

> **시드머니**Seed Money: 농사할 때 씨앗을 뿌려 곡식을 거두는 것처럼, 투자나 재테크를 위해 필요한 종잣돈.

그리고 이제부터는, 저 역시 위 질문들을 하나하나 되짚어 보면서 제가 어떤 생각을 갖게 되었고, 왜 그렇게 생각하게 되었는지를 이야기해 보려 합니다. 부디 당신도 이 여정을 따라가며, 자신만의 기준을 차분히 세워나갈 수 있기를 바랍니다.

A.01 공부한다고 돈을 버는 건 아니다

"공부 좀 더 하고 투자할래요."

이 말, 정말 자주 듣습니다. 저 역시 그렇게 생각했던 적이 있었어요. 그런데 냉정하게 말하자면, 돈을 벌기 위한 공부에는 분명 한계가 있습니다. 지식이 많다고 해서, 돈을 잘 버는 건 아니기 때문이에요.

많이 아는 것보다 더 중요한 건, '내가 왜 이걸 하려는가', '지금 어떤 선택을 할 것인가'를 진지하게 고민하고, 그 생각을 실제 행동으로 옮기는 힘입니다.

"그렇게 똑똑한 이모가 왜 아직도 월세 살까?", "서울대 나온 삼촌인데, 왜 늘 돈이 없지?" 우리 주변에서 자주 보는 일입니다.

그분들의 문제는 머리가 나빠서가 아니라, 돈에 대한 실천력이 부족했기 때문일지도 모릅니다. 공부만으로는 현실의 복잡한 경제 흐름과 감정이 오가는 시장을 이길 수 없습니다. 지식은 시작일 뿐이고,

그 지식을 바탕으로 세상을 읽고, 나만의 기준으로 판단하는 힘이 필요합니다.

A.02 유명한 전문가보다, 실제로 돈 번 사람 바라보기

TV나 유튜브에 나오는 전문가들의 말은 참 그럴듯해 보입니다. 경제학 교수, 전직 애널리스트, 투자 관련 자격증을 여러 개 가진 사람들… 말하는 내용도 전문적이고, 목소리에도 자신감이 넘치죠. 이들의 조언을 따라 하면 왠지 나도 부자가 될 수 있을 것 같은 기분이 듭니다.

이럴 때 꼭 던져야 할 질문이 하나 있습니다.

"이 사람, 진짜 자기 돈으로 투자해서 수익을 낸 적 있을까?"

우리는 자주 '전문가'라는 말에 기대를 걸지만, 실제 경험이 있는 사람과, 이론만 가진 사람은 다릅니다. 자격증이나 타이틀이 있다고 해서 그 사람이 실제 돈을 벌어본 것은 아닙니다.

시장에서는 지식보다 직접 돈을 걸고 겪은 경험이 중요하기 때문이에요. 실제로 돈을 벌어본 사람들은 생각보다 조용합니다. 크게 떠들지 않고, 조심스럽게 말하죠.

"저처럼 하지 말고, 당신만의 길을 찾아보세요.", "저는 그냥 운이 좋았어요." 이런 말을 하는 사람들이 오히려 진짜 돈을 벌어본 경우가 많습니다. 이들의 공통점은, 돈에 대해 가볍게 말하지 않는다는 것입니다. 시장을 겪어본 사람은 압니다. 돈을 버는 일은 단순한 공식이나 조언 몇 개로 끝나는 일이 아니라는 걸요.

책이나 방송에서 말하는 정답보다, 실제로 돈을 잃어보고, 벌어본 사람의 판단력과 태도를 봐야 합니다. 지식은 참고 자료일 뿐, 당신의 선택을 대신해주지 않습니다. 그리고 그 선택은 결국, 스스로 얼마나 현실을 직시하고 행동하는가에서 시작됩니다.

A.03 돈은 내 생각보다 남의 생각을 잘 읽는 사람이 번다

"이건 분명히 오를 거야!"

이렇게 확신에 찬 순간, 누구나 한 번쯤은 있었을 거예요. 하지만 시장은 내 생각대로 움직이지 않습니다. 아무리 내가 믿고 확신해도, 시장 전체가 그렇게 믿지 않으면 그 믿음은 현실이 되지 않아요. 투자는 나 혼자만의 신념을 증명하는 자리가 아닙니다. 남들이 어떻게 생각하고, 어떻게 움직일지를 읽는 심리 게임입니다. 지식 싸움이라기보다, 사람의 마음을 읽는 싸움에 더 가깝죠.

예를 들어볼게요. 누군가가 주식을 팔고 있다는 건, 그만큼 많은 사람이 "이건 더 이상 안 오를 것 같아"라고 판단하고 있다는 뜻입니다.

그런데 그 주식을 또 누군가는 사잖아요? 그 사람은 "지금이 오히려 기회야"라고 생각하는 거지요. 이처럼, 서로 정반대의 생각이 동시에 존재하는 곳이 바로 시장입니다. 시장에서는 누구도 100% 정답을 가질 수 없습니다.

그래서 중요한 건, 내 생각을 밀어붙이는 게 아니라, 다른 사람들의 생각이 어디를 향해 가고 있는지를 읽어내는 힘입니다.

A.04 좋은 정보는 이미 남들도 알고 있다

"이거 진짜 좋은 정보인데?", "지금 이거 사면 오른대."

이런 말을 들으면 솔직히 마음이 흔들리죠. 나만 아는 기회처럼 느껴지고, 지금 안 사면 손해일 것 같은 생각이 들기도 합니다.

하지만 현실은 다릅니다. 내가 아는 정보는, 시장도 알고 있다고 가정해야 합니다. 뉴스에 나왔다는 건, 이미 많은 사람이 그 정보를 접했다는 뜻이고, SNS에서 화제가 됐다는 건, 이미 그 종목의 가격이 많이 올랐다는 이야기일 수 있습니다. 투자 세계에서 정보는 곧 타이밍이고, 대부분의 개인 투자자는 그 타이밍에서 항상 한 발 느릴 수밖에 없습니다.

왜일까요? 우리는 보통 뉴스를 통해 '결과'를 접합니다. 하지만 그 뉴스가 나오기까지 많은 사람의 행동이 있었고, 그 행동은 이미 주가나 가격에 반영된 후라는 점을 잊기 쉽습니다.

그래서 진짜 중요한 건, 정보를 얼마나 빨리 아느냐가 아니라, 그 정보가 이미 시장에 얼마나 반영되었는지를 판단하는 눈입니다.

또 한 가지 유의해야 할 부분이 있어요. 시장에는 나보다 더 빠르고, 더 똑똑하고, 더 집요한 사람들이 가득합니다. 그들은 엄청난 시간과 자본, 인력을 동원해서 수익을 얻기 위해 치열하게 움직입니다. 이런 시장에서 우연히 얻은 정보 하나로 이길 수 있을 거라 기대하는 건, 조금 순진한 생각일 수 있어요.

이런 이유로 우리는 '남들보다 앞서는 수익'을 목표로 하는 것이 아니라, '지속적으로 평균 이상의 수익'을 목표로 해야 합니다. 남들보다 먼저 정보를 얻으려고 노력하는 것보다, 정보가 어떻게 시장에 반영되고 있는지를 읽는 힘, 그게 오히려 훨씬 현실적이고, 강력한 투자 전략이 될 수 있습니다.

A.05 결과에 집착하지 말고, 과정에 집중하자

"난 정말 열심히 했는데… 왜 결과가 이래?"

이런 생각, 한 번쯤 해본 적 있지요? 저도 그랬어요. 계획을 세우고, 공부도 하고, 확신을 가지고 투자했는데 결과가 기대와 다르면 괜히 억울한 마음이 들곤 했습니다.

하지만 시간이 지나면서 알게 됐어요. 투자에서 결과는 내가 잘해서 나오는 게 아니라, 시장이 받아줘야 나오는 것이라는 걸요. 아무리 철저하게 분석하고 판단해도, 시장의 흐름이 그것을 받아주지 않으면 결과는 어긋날 수밖에 없습니다.

그래서 투자에서는, "이번에 얼마 벌었는가?"보다 "나는 내 판단대로 제대로 고민하고, 제대로 실행했는가?"를 돌아보는 것이 훨씬 중요합니다. 세상은 우리가 노력한 만큼 바로 보상해주지 않습니다. 하지만 그렇다고 노력 없는 보상이 찾아오는 일도 없습니다.

결과보다 중요한 건 그 과정에서 내가 어떤 기준으로 움직였는가입니다. 스스로 반복 가능한 원칙을 만들고, 그 원칙을 따라 행동할 수 있다면, 시장의 결과가 좋든 나쁘든 스스로를 신뢰할 수 있는 힘이 생깁니다.

과정에 충실한 사람은, 당장은 느려 보여도 결국 더 멀리 갑니다.

투자도, 인생도 마찬가지랍니다.

A.06 인생이란 건 늘 균형이 깨져 있다

SNS를 보다 보면 이런 생각이 들죠.

'저 사람은 회사도 잘 다니고, 투자도 잘하고, 연애도 잘하고… 어떻게 저렇게 완벽할까?'

하지만 우리가 보고 있는 건 '잘 편집된 장면'일 뿐이에요. 빛나는 순간만 모아놓은 하이라이트죠. 겉으로 멀쩡해 보이는 사람도, 속으로는 흔들리고 불안한 감정을 품고 살아가는 경우가 훨씬 많습니다.

인생은 동화책처럼 예쁘게 흘러가지 않아요. 한쪽이 잘되면, 다른 한쪽은 생각보다 엉망이 되기도 합니다. 회사 일이 잘 풀리면 인간관계가 뒤틀리기도 하고, 연애가 행복하면 일에 집중이 안 되기도 하죠.

괜찮아요. 그게 바로 사람 사는 모습입니다. 투자도 똑같습니다. 어떤 투자에서 이익을 보면, 다른 데서는 손실이 날 수 있습니다. 그래서 우리는 한 번 이겼다고 들뜨지도 말아야 하고, 한 번 졌다고 무너지지도 말아야 해요.

"골이 깊으면 산이 높다."

이 표현 속에는 삶과 투자에 모두 적용되는 진실이 담겨 있습니다. 균형은 완벽한 조화가 아니라, 흔들림 속에서 스스로를 회복하는 힘이에요. 그러니까 지금 당신이 무언가 뒤처진 것 같아도, 괜찮습니다. 당신만 그런 게 아니니까요.

A.07 운을 기대하지 말고, 나만의 전략을 만들자

복권에 당첨된다면 인생이 달라지겠죠. 그러나 복권에 당첨될 확률은 길을 걷다 번개에 맞을 확률보다 낮습니다. 그래서 우리가 기대해야 할 건 그런 우연한 대박이 아니라, 지속적으로 찾아오는 작지만 현실적인 기회들입니다. 그리고 그 기회를 잡기 위해 필요한 건, 운이 아니라 준비된 나 자신이에요.

운은 누구에게나 올 수 있습니다. 하지만 준비되지 않은 사람은, 그 운이 왔는지도 모른 채 그냥 흘려보내버리곤 하죠.

예를 들어, 신용관리나 재무 지식, 적은 돈으로 투자 연습을 해두는 일들—이 모든 게 바로 운을 알아보는 눈을 만드는 과정입니다.

복권 당첨자들 중에도, 뜻밖의 큰돈을 손에 쥔 후 오히려 불행해지는 사람들이 있습니다. 기회는 왔지만, 그걸 감당할 준비가 되어 있지 않았기 때문입니다.

운이란 건, 단순히 오는 것이 아니라 감지할 수 있어야 하고, 감지했다면 제대로 활용할 줄 알아야 비로소 진짜 운이 되는 겁니다.

운은 하늘에서 떨어지는 것이 아니라, 전략과 태도가 만들어내는 확률의 결과물에 더 가깝습니다. 결국 운도, 준비된 사람만이 자기 편으로 만들 수 있는 거예요.

A.08 남들이 다 살 때는 이미 늦었다

뉴스에서 "요즘 이 주식 난리예요"라는 말이 들릴 때쯤이면, 그 종목은 이미 고점에 가까워졌을 가능성이 큽니다. 그런데 사람들은 오히려 그 시점에 투자를 시작하곤 하죠.

대부분의 사람은 불안할 때는 못 사고, 안심이 될 때는 비싸게 사는 오류에 빠지기 쉽기 때문입니다. 이건 인간 심리의 자연스러운 반응이에요. 불확실성 앞에선 움츠러들고, 모두가 달릴 때 안심이 되니까 뒤쫓아 달리는 거죠.

하지만 투자는, 남들과 같은 마음으로 움직이면 늘 한 발 늦습니다.

그래서 우리는 연습해야 합니다. 두렵고 불안할 때 오히려 매수할 수 있는 태도를 말이에요.

"지금은 너무 무서워서 못 사겠어." 바로 그때가, 진짜 매수 시점일 수 있다는 것을 기억해야 해요.

미국 주식이 좋아 보인다고 말만 하면서 망설이던 시기엔 계속해서 주가는 오릅니다. 그러다 어느 날, 주변 사람들이 너도나도 미국 주식을 사기 시작하고 '미국 주식 안 하면 바보'라는 분위기가 형성되면, 그제야 묻지마 투자가 시작되죠.

그리고 바로 그 시점부터, 시장 흐름이 꺾이기도 합니다. 이건 드문 일이 아니에요. 투자 역사에서 이런 심리의 역전 사례는 수도 없이 많습니다. 그런데 문제는, 우리가 사회생활을 하면서 다른 사람들과 다른 생각을 하기가 어렵다는 점이에요.

게다가 그 다른 생각을 실제 투자로 실행하는 건 더더욱 어려운 일입니다. 하지만 투자의 본질은 시장을 다르게 보고, 그 전망을 실제로 행동에 옮기며, 시간이 지나 그 전망이 맞을 때 비로소 돈을 벌 수 있는 것입니다. 생각해보면, 이건 절대 말처럼 쉬운 일이 아닙니다. 그래서 투자가 어려운 것이죠.

A.09 단타로 돈 번 사람은 생각보다 적다

"하루에 50만 원 벌었어요!", "이 종목으로 일주일 만에 2배 수익!"

유튜브나 SNS에서 이런 말을 종종 볼 때면, 나도 당장 무언가 해야 할 것 같은 조급함이 밀려오죠.

그런데 중요한 질문이 있어요. 그 수익, 매일 실현 가능한 걸까요? 꾸준히 반복되는 결과일까요?

대부분은 그렇지 않습니다. 단기매매(=단타)는 운의 요소가 매우 크고, 그 운은 오래가지 않습니다. 매매를 통해 수익을 꾸준히 내는 사람은 정말 극소수입니다.

오히려 대부분은 몇 번의 성공 이후에 큰 손실을 경험하면서, 투자 자체를 두려워하게 되죠. 우리는 그런 운에 기대는 방식보다는 훨씬 더 현실적이고 지속 가능한 방법을 택해야 합니다. 작지만 꾸준한 수익, 화려하진 않지만 안정적인 흐름. 그게 지금 이 시기의 우리에게 필요한 투자 태도예요.

이런 투자의 핵심은 **자산배분**♣과 **포트폴리오**♣에 있습니다. 한 가지 자산에 올인하지 않고, 여러 자산으로 나눠서 투자하면서 전체 리스크를 조절하는 거예요. 포트폴리오로 대응한다는 건, 단순히 나누는 게 아니라 꾸준히, 계획적으로 모아가는 행동을 뜻합니다.

시장이 흔들려도 너무 흔들리지 않기 위한

> **자산배분:** 내 돈을 여러 자산에 나눠 투자해 위험을 줄이는 전략.
> **포트폴리오:** 내가 실제로 가진 자산들의 구성과 비율.

방어력이죠. 그리고 여기에 반드시 필요한 덕목이 하나 더 있어요. 바로 인내심. 큰돈을 빠르게 벌려고 하기보다는, 내 자산이 천천히, 그러나 분명하게 자라는 걸 믿고 시간을 기다릴 줄 아는 태도가 필요합니다. 사회 초년생이 시장에서 지속 가능한 투자자로 살아남는 길입니다.

A.10 사소한 데 집착하면, 큰 걸 놓친다

은행 이자 0.2% 더 준다고 며칠 동안 이것저것 비교하다가 정작 더 큰 투자 기회를 놓치는 경우, 생각보다 많습니다.

물론, 비교하고 절약하는 습관 자체는 나쁘지 않아요. 하지만 정말 중요한 건 방향입니다. "지금 내 돈이 어디에 있는가?", "어떤 방식으로 자산을 불리고 있는가?" 이 질문에 스스로 답할 수 있어야 합니다.

돈을 모으는 데는 '확장성'이 필요해요. 당장 만 원 더 버는 것도 중요하지만, 시간을 두고 자산이 불어나는 구조를 만들어야 해요. 그 구조가 바로 **복리**♣이고, 복리를 만들기 위해서는 내 자원(시간, 돈, 에너지)을 더 가치 있는 방향에 써야 합니다.

한 번 학교 다닐 때를 떠올려 볼까요?

수업도 잘 듣고 싶고, 학원도 빠짐없이 가고, 운동도, 노래도, 친구 관계도 전부 다 잘하고 싶었잖아요. 근데 실제로는 마음처럼 안 됐죠?

세상은 언제나 "무언가는 포기해야 한다" 고 말합니다. 그리고 우리도 그 선택을 반복하며 살아왔어요.

복리: 원금에 이자가 붙고, 그 원금과 이자를 합친 금액에 다시 이자가 붙는 방식.

자를 내야 했고, 이것만으로도 3년치 연봉이 날아갔습니다.

> **이자율**: 원금을 사용하는 대가로 지급해야 하는 원금의 비율.

왜 이런 얘기를 꺼낼까요? 이유는 단 하나입니다. "지금 우리가 마주한 현실을 제대로 인식하자." 그러면 앞으로 무엇을 준비해야 할지도 분명해질 테니까요.

지금 우리는 어떤 시대에 살고 있을까요?

첫째, 저성장-고비용 사회에 진입했습니다.

부자에게 유리한 구조, 중산층과 서민에겐 점점 더 불리한 구조죠. 단순히 저축만으로는 자산을 형성하기 어려운 시대입니다.

둘째, 인플레이션, 즉 법정화폐의 가치 하락에 민감해져야 합니다.

앞으로 50년, 어쩌면 100년 가까이 경제활동을 해야 할 지금의 청년 세대에게 물가 상승은 더 이상 남의 일이 아닙니다. 지금 모은 1,000만 원이 10년 후에는 500만 원처럼 느껴질 수 있어요. 어디에, 어떻게 돈을 두느냐가 예전보다 훨씬 중요해졌다는 뜻입니다.

셋째, 이제는 부채를 전략적으로 바라봐야 합니다.

'남의 돈'을 쓸 줄 알아야 해요. "빚은 나쁜 것"이라는 생각은 이제 완전히 낡은 것이 되었습니다. 정부도, 기업도 모두 빚으로 운영하고 있으며, 수익률이 이자보다 높다면 그건 기회입니다. 예를 들어 청년 정책자금, 버팀목전세대출 같은 저금리 대출도 모두 남의 돈입니다. 중요한 건 언제, 어떻게 쓸지를 아는 것입니다.

그리고 또 하나, 절대 잊지 말아야 할 것은 사람마다 출발선은 다릅니다. 누군가는 전세 보증금을 부모님이 마련해주고, 누군가는 그마저도 대출로 시작해야 해요.

다행히, 인생은 마라톤입니다. 100미터가 전부가 아니에요. 중요한 건 내 호흡대로, 내 리듬대로 끝까지 완주하는 것입니다. 조금 늦어도 괜찮습니다. 길게 보면 남 부럽지 않은 결과가 당신을 기다리고 있을 수 있어요.

그럼 사회 초년생에게 가장 먼저 필요한 건 무엇일까요?

'공부를 다 마친 다음에 투자해야지.' 그 생각부터 버려야 합니다. 지금 부동산 자산을 갖고 있는 기성세대가 공부를 다 마치고 시작했을까요?

아니요. 공부보다 중요한 건 고민과 실행입니다. 많이 알아야 시작할 수 있다고 생각하면, 정작 시작도 못 하고 시간만 흐를 수 있어요. 물론 공부하지 말라는 뜻은 아니에요. 다만, 지나친 정보 욕심이 실행을 방해할 수 있으니, 그걸 조심하자는 이야기입니다.

요약하자면, 사회 초년생도

- ✓ **투자 공부에 대한 부담을 줄이고**
- ✓ **자산관리에 쏟는 시간을 최소화하면서**
- ✓ **중요한 타이밍에는 과감하게 행동할 수 있어야 합니다**

그리고 "나는 지금 가진 게 별로 없어도, 시작할 수 있다"는 믿음에서부터 시작된다는 점입니다.

조금 더 알아보기

좋은 빚 vs 나쁜 빚

우리는 자라면서 "빚지지 마라"는 말을 많이 들었어요. 어릴 땐 그 말이 정답처럼 들리지만, 경제 활동을 본격적으로 시작하고 나서 살펴보면 모든 빚이 나쁜 것만은 아니라는 걸 알게 돼요.

빚에도 성격이 있어요. 내 자산을 불려주는 빚, 그리고 내 돈을 갉아먹는 빚이 있죠. 이걸 구분하는 기준이 바로 '좋은 빚 vs 나쁜 빚'이에요.

좋은 빚이란?

좋은 빚은 말 그대로, 미래의 수익이나 자산을 늘리는 데 도움이 되는 빚이에요. 즉, 투자성 빚이죠.

- **학자금 대출:** 내가 더 나은 직업을 갖고 소득을 늘릴 수 있는 발판이라면 좋은 빚이에요.
- **전세 자금 대출:** 매달 월세를 내는 것보다 이자가 싸고, 주거 안정을 도와준다면 좋은 선택이 될 수 있어요.
- **사업 자금 대출:** 수익성이 검증된 사업에 필요한 자금이라면, 이건 나를 더 큰 수익으로 이끄는 마중물이에요.

핵심은 '미래 수익을 기대할 수 있는가?'입니다.

나쁜 빚이란?

당장의 욕망을 채우기 위해 미래 소득을 끌어다 쓰는 것을 말합니다. 즉, 이 빚은 자산을 늘리지 못하고, 오히려 재정적인 부담만 늘립니다.

- **신용카드 할부와 리볼빙:** 편리하다고 자주 쓰게 되지만, 이자율이 높고 상환 계획 없이 쓰면 눈덩이처럼 빚이 불어납니다. 특히 리볼빙은 실제로 갚는 금액보다 훨씬 많은 이자를 부담하게 되죠.
- **자동차 할부(특히 고가의 차):** 새 차는 시간이 갈수록 가치가 떨어지는 자산(감가상각)입니다. 본인의 소득 수준에 비해 과도한 차를 구매하는 것은 재정에 큰 부담이 됩니다.
- **소비 목적의 대출:** 여행, 명품, 최신 IT 기기 등을 구매하기 위한 대출은 부가적인 재정 가치를 만들지 못합니다.

미래에 돈이 될 가능성이 거의 없고, 지속적인 지출과 이자를 동반하기에 나쁜 빚을 조심해야 합니다. 좋은 빚이라도 "무조건 괜찮다"는 건 아닙니다. 예를 들어, 교육을 위해 대출을 받았는데 졸업 후 취업이 어렵거나, 예상보다 낮은 연봉을 받게 되면 상환에 어려움을 겪을 수 있어요. 모든 빚은 계획과 목적이 분명해야 하며, 감당할 수 있는 수준에서만 가져가야 합니다.

구분	좋은 빚	나쁜 빚
목적	수익·자산 창출	단순 소비
결과	미래 가치를 높임	재정 부담 증가
예시	학자금, 주택담보대출, 창업 자금	신용카드, 명품 구매 대출, 과도한 할부

"빚을 지지 않는 것이 가장 좋은 거 아닌가요?"라고 묻는 분들도 많습니다. 맞는 말이긴 하지만, 현실적으로 사회에서 '전략적인 빚'은 자산 형성의 기회가 되기도 해요. 중요한 건, '어떤 빚을 지느냐'보다 '왜 지는지, 어떻게 갚을 수 있는지'를 생각하는 것입니다.

CHAPTER 01

더 나은 인생을 위한 투자의 필요성과 개념

내 월급만으로
앞으로 먹고살 수 있을까?

부자가 되기 위해서는,
부자처럼 생각하고 행동해야 한다.

✦토마스 스탠리✦

희망보다 생존이 절박한 세대라고요?

기성세대는 사회 초년생들에게 이렇게 말하곤 하죠.

"너희는 배곯을 걱정 없는 세상에 태어났잖아, 행복한 세대지."

그 말을 들을 때면, 헛웃음이 나올 수밖에 없습니다. 왜냐하면 지금 20~30대가 살아가는 세상은, 희망보다 생존이 더 절박한 시대이기 때문이에요.

생활비는 끊임없이 오르고, **최저임금**♣은 마치 표준임금처럼 여겨지고, 알바천국 광고는 더 이상 과장이 아니라 현실 그 자체죠. 부모님 세대처럼 '뭐라도 이룰 수 있겠지'라는 기대조차, 요즘엔 사치처럼 느껴질 때가 많습니다.

최저임금: 근로자가 인간다운 생활을 하는 데 필요한 최소한의 임금.

"돈 좀 모아야지."

입으로는 말하지만, 정작 머릿속엔 내일 먹고사는 걱정이 가득하죠. 대부분의 사회 초년생은 최저임금 수준의 급여로 생활비를 간신히 맞추고, 학자금 대출 상환까지 떠안고 있어요. 그러다 문득 이런 생각이 듭니다.

'이번 생은 그냥 이렇게 끝나는 걸까…?'

하지만, 거기서 멈추면 안 됩니다. 불평만 하고 고민만 한다고 현실이 바뀌진 않아요. 세상은 가만히 있는 사람을 위해 움직이지 않습니다. 내가 먼저 움직여야, 그제야 세상이 반응합니다. "얘는 뭔가 하려나 보다" 하고, 아주 조금씩 기회를 주기 시작하죠.

결국, **내가 먼저 바뀌어야 내 상황도 바뀐다는** 것. 이 단순한 진리를 절대 잊지 마세요.

저축을 넘어 투자가 필수인 세상

실수령 225만 원, 가처분소득 135만 원의 김지혜 씨는 '투자'를 생각할 여유가 없어 보입니다. 그런데 오히려 김지혜 씨야말로 투자를 시작해야 할 때입니다. 더 나은 인생은 내가 어떤 선택을 하느냐에 따라 달라지니까요.

처음에는 투자라는 말이 낯설고 어렵게 느껴질 수 있어요. 아직도 많은 사람이 투자=위험이라고 생각하니까요.

하지만 투자의 사전적인 의미는 의외로 단순합니다. "손실을 감수하면서 수익을 기대하는 행위" 즉, **리스크**♣가 없으면 그건 투자라고 할 수조차 없어요. 그렇다면 이런 질문이 떠오를 수 있겠죠.

리스크: 손실, 투자의 결과에 따라 투자금을 회수하지 못할 가능성.

"그냥 월급 잘 모아서 예금하면 안 되나요?"

물론 예금도 중요해요. 김지혜 씨의 이야기를 살펴볼까요. 착실하게 돈을 모아 1,000만 원이라는 목돈을 만든 김지혜 씨는 "원금 손실은 절대 안 돼!"라는 철칙을 가지고 있었죠. 고민 끝에 김지혜 씨는 가장 안전하다고 생각하는 방법을 선택합니다. 바로 연 2% 금리를 약속하는 은행의 정기예금에 1,000만 원을 고스란히 넣어두는 것이었죠.

'이제 1년 뒤면 이자까지 붙어서 돈이 늘어나 있겠지'라고 생각하며, 뿌듯한 마음으로 1년을 기다렸습니다. 드디어 예금 만기일, 김지혜 씨는 설레는 마음으로 은행 앱을 켰습니다. 통장에는 정확히 10,200,000원이 찍혀 있었습니다. 숫자만 보면 분명 기분 좋은 일이었습니다. 1년 동안 1,000만 원에서 20만 원이 불어나 1,020만 원이 되었으니까요.

그렇게 생각한 김지혜 씨는 작년부터 눈여겨봤던 멋진 가전제품을 사기 위해 매장을 찾았습니다. 작년에 봤을 때는 분명 1,000만 원이었는데, 1년 만에 다시 본 가격표에는 1,030만 원이라는 숫자가 적혀 있었습니다. 너무 놀란 김지혜 씨는 작년보다 가격이 올랐다고 점원에게 말했지요.

"네, 손님, 요즘 물가가 많이 올라서요. 작년보다 3% 정도 인상됐습니다."

점원의 말에 김지혜 씨는 머릿속이 복잡해졌어요. 작년에는 1,000만 원으로 살 수 있었던 물건을, 1년 사이 물가가 올라 30만 원이 비싸져서 1,020만 원으로는 살 수 없게 됐으니까요.

김지혜 씨는 이번 일을 통해 중요한 진실 하나를 깨달았습니다. 진짜 주목해야 할 것은 통장에 찍히는 숫자의 양이 아니라, 그 돈으로 무엇을 할 수 있는지를 나타내는 돈의 실질적인 힘, 즉 구매력이라는 것을요.

여기서 핵심은 '아, 작년에 그냥 사버릴걸' 하는 소비의 후회가 아니에요. 만약 김지혜 씨가 작년에 돈을 써버렸다면 지금은 돈도, 저축도 없는 상태였을 테니까요. 진짜 문제는, 안전한 예금은 내 돈의 숫자를 지켜주었지만, 그 돈의 가치(구매력)까지 지켜주지 못했다는 사실입니다. 세상의 물가가 오르는 속도를 내 돈이 불어나는 속도가 따라잡지 못한다면, 김지혜 씨는 가만히 앉아서 스스로 힘이 약해지는 것을 지켜볼 수밖에 없다는 냉정한 현실을 깨닫게 된 것이죠.

게다가 부모님께 기대는 것도 점점 어려워지고 있어요. "마음은 도와주고 싶지만, 여력이 없다." 이게 요즘 부모님 세대의 진심이기도 하죠. 실제로 50~60대도 본인 노후 준비가 불안한 경우가 많습니다.

결국 중요한 건, 지금 내 경제생활을 바라보는 시선이에요. 월급이 많지 않아도 괜찮고, 대출이 있어도 괜찮습니다. 우리가 가장 먼저 해야 할 일은 앞으로 살아갈 방식을 스스로 정의해보는 것이에요.

한 번 상상해보세요. 앞으로 30년 동안은 직장생활을 하며 돈을 벌고, 그 이후 30년은 그 동안 모은 자산으로 살아가야 한다면?

이러한 인생 설계에서, 계속 **법정화폐**♣만 모을 것인지 아니면 어느 시점엔 리스크를

> **법정화폐**: 정부가 공식적으로 인정하고 세금, 부채, 상품 및 서비스 대금 등 재정적 의무를 결제할 수 있도록 허용한 화폐. 한국의 원화, 미국 달러, 일본의 엔화가 대표 사례.

감수하고 투자를 할 것인지 방향을 정해야 합니다. 주식, 부동산, 암호자산(코인) 같은 다양한 투자 수단에 대해 나만의 기준을 갖는 것도 중요해요.

◎ **"나는 투자는 좋지만, 코인은 아예 안 할거야."**

⋯➝ 완전히 동의하긴 어렵지만, 충분히 있을 수 있는 선택입니다.

◎ **"리스크를 관리하면서 조금씩 해볼래."**

⋯➝ 훌륭한 접근이에요.

중요한 건, 남이 하니까 따라가는 투자가 아니라, 내 기준으로 결정하는 투자여야 한다는 것입니다. 하루는 누구에게나 똑같이 주어집니다. 24시간, 그 시간을 어떻게 나눌지도 결국 일종의 '투자'예요.

일, 투자 공부, 운동, 자기계발, 취미나 연애… "다 잘하고 싶다"는 마음은 멋지지만, 막상 퇴근 후 침대에 누워 짧은 영상 몇 개 보면 하루가 끝나버리죠. 이게 우리가 살아가는 현실이에요. 그러니 모든 걸 완벽히 해내기보다는, 무엇에 집중할지를 정하고, 그 안에서 지속 가능한 리듬을 만드는 게 중요합니다.

예를 들어,

◎ **"지금은 일에 집중하고, 투자 공부는 인덱스 ETF 정도만 해두자."**

◎ **"주말에 투자 콘텐츠 한두 개만 챙겨보고, 체력 관리에 집중하자."**

작지만 꾸준한 투자, 그리고 현실을 인정하면서도 포기하지 않는 자세, 그것이 결국 우리 삶을 바꿉니다.

가장 중요한 건 나만의 기준

지금 우리는 스스로 살아내야 하는 시대에 살고 있어요. 하지만 그렇다고 해서 외롭게 살아야 한다는 뜻은 아니에요. 가장 중요한 건 내가 나에게 확신을 줄 수 있는 기준을 세우고, 그 기준 안에서 내 삶을 스스로 설계해 가는 것. 그것이 바로 우리가 시작해야 할 '현명한 투자'의 첫걸음이에요.

우리가 해야 할 일은 그 가능성을 믿고, '나는 앞으로 돈을 어떻게 바라볼 것인가?'라는 질문에 조금씩 답을 찾아가는 일이에요. 처음부터 완벽할 필요는 없어요. 한 달에 10만 원을 투자해보든, 소액이라도 대출 상환 계획을 세워보든, 그 모든 시도가 당신만의 훌륭한 첫 투자가 될 수 있어요. 조금씩 나답게 지금부터 시작해도 충분합니다.

투자, 그게 돈 있는 사람들이나 하는 거 아니에요?

돈이 없어서 투자해야 한다고요?

"투자? 그건 여유 있는 사람들이 하는 거 아닌가요?"

흔히들 이렇게 말하죠. 하지만 사실은 정반대예요. 투자란 돈이 없기 때문에 더 필요한 것입니다. 돈이 없어서 돈을 벌어야 하니까요. 금융과 투자는 단순히 내가 가진 돈을 굴리는 것만을 뜻하지 않습니다. 오히려, 진정한 투자는 돈이 없다는 전제에서 낮은 금리로 돈을 빌려서 높은 수익을 달성하는 것을 가리킵니다.

예를 들어 연 3%로 돈을 빌려 연 10% 수익이 나는 투자에 넣는다면, 그 차익이 바로 내 수익이 되는 거죠. 이것이 바로 투자와 자산관리의 기본 구조입니다.

그래서 중요한 건 '투자할까 말까'가 아니라, '어떻게 투자할지'입니다. 어디에서 돈을 조달할지, 어떤 자산에 넣을지, 언제 실행할지 이 세 가지를 설계하는 것이 핵심이에요.

김지혜 씨의 사례에 적용해보면, 당장 큰돈이 없어도 조금씩 자산을 모으고, 집을 사는 등 때가 되면 적절히 대출을 활용하는 전략을 세우는 것이 중요하다는 걸 알 수 있습니다.

월급은 통장을 스치는데 어떻게 모으죠?

현실적으로 사회 초년생의 월급은 기본적인 생활비를 쓰고 나면 빠듯하기 마련이에요.

주거비, 식비, 교통비, 통신비…

이걸 다 내고 나면 친구랑 하이볼 한 잔 마시는 것도 망설여지고, 간단히 편의점 도시락으로 끼니를 때우는 날도 많죠. 아침을 거르거나 식빵 두 쪽으로 해결하는 것에 익숙해진 분들도 많을 거예요. 이런 생활이 내 선택이라면 괜찮아요. 하지만 어쩔 수 없이 이렇게 살아야 한다면, 조금 슬픈 일이죠.

"돈이 없으면 아껴야지." 맞는 말이에요. 하지만 아끼는 것만으로는 자산이 생기지 않습니다. 결혼, 육아, 내 집 마련… 이런 미래 계획을 오직 절약만으로 해결할 순 없죠. 그래서 중요한 건 "어떻게든 자산을 만들어야 한다"는 것입니다.

가장 현실적인 방법이 바로 투자입니다. 물론 아무 준비 없이 뛰어드는 건 위험하지만, 뉴스를 꾸준히 보고 내가 믿는 산업과 흐름을 정리하며 구조를 이해하려 노력하는 것. 이것만으로도 경제와 투자에 대한 시야를 넓히는 충분한 시작이 될 수 있어요.

무엇을 모아야 할까요?

지금 우리는 고비용 사회에 살고 있어요. 주거비, 교통비, 식비는 기본이고, 심지어 간단한 문화생활조차 사치처럼 느껴질 때가 많죠. 대부분의 월급은 생활비로 사라지기 때문에, 아무리 아껴도 남는 돈이 많지 않습니다.

물론 절약은 중요해요. 하지만 한 달에 20만 원을 저축할지, 30만 원을 저축할지가 인생의 부를 결정짓지는 않습니다.

진짜 중요한 건, 그 돈을 어디에 둘 것인가예요.

✓ **미국 주식을 살지**

✓ **한국 주식을 살지**

✓ **비트코인 같은 디지털 자산을 살지**

이런 선택이 장기적으로 자산의 크기와 방향을 결정짓습니다. 금융에서는 이를 자산배분이라고 부릅니다.

자산을 고르는 순간, 투자 결과가 정해진다고요?

투자 성과의 대부분은 처음 어떤 자산을 고르느냐에 달려 있다고 해도 과언이 아니에요. 주식이든, 코인이든, 부동산이든 처음 어떤 시장에 발을 들이느냐가 내 자산 성과의 70~90%를 좌우한다는 연구도 있습니다.

물론 종목 분석이나 매매 타이밍도 중요해요. 하지만 정말 중요한 건, 어떤 판에 올라탈지 먼저 결정하는 것입니다.

문제는 대부분의 사람들이 눈앞에 보이는 것, 즉 종목이나 매매 시점에 집중한다는 거예요. 더 자주 보이고 당장 결정할 수 있기 때문이죠. 하지만, 장기적으로는 큰 흐름을 잡는 사람이 결국 자산을 키웁니다. 이 책을 읽는 당신이 그걸 이해하고 실천할 수 있다면, 진짜 부의 흐름을 따라갈 수 있어요.

대부분의 사람들은 종목에 매달리며 시장에 휘둘립니다. 그런데 아이러니하게도, 자산배분에 집중하는 소수만이 조용히 자산을 불려갑니다. 불공평하게 느껴질 수도 있지만, 시장은 매우 공정하게 작동해요. 다수가 헛디딜 때, 준비된 소수는 기회를 잡는 것이죠.

저는 이 글을 읽는 당신이 희생하는 다수가 아니라, 성과를 얻는 소수가 되길 바랍니다.

난 자산도 없는데, 자산관리가 필요할까요?

내 월급으로 투자금 모으기, 정말 효율적일까요?

월급만으로 투자자금을 쌓으려는 생각은 사실 비효율적이고 지치는 길이에요. 국가조차 전쟁, 재해, 경기침체 등 예상치 못한 변수에 대비해 **국채**♣를 발행하고 **부채**♣를 안고 있죠.

그런데 개인인 우리는 왜 월급이라는 한 가지 수입만으로 모든 걸 해결하려고 할까요?

"투자하고 싶은데 여유 자금이 없어요."

그렇다면 작은 부수입부터 찾아보는 게 현실적입니다. 디지털 전환 시대에는 N잡러가 일반화되고 있어요. P2EPlay to Earn처럼, 앱으로 걷기나 게임을 하면서 소소한 수익을 얻

국채: 중앙정부가 자금 조달을 위해 발행하는, 만기가 정해진 채무증서.
부채負責/負債**:** 남에게 빚을 짐. 또는 그 빚.

는 것도 가능해요. 서울시 '손목닥터 9988' 앱은 하루 8,000보를 걷기만 해도 200원을 지급합니다. 취미를 수익으로 연결하는 방법도 있습니다. 사진, 영상 편집, 글쓰기, 악기, 미술 등 본인의 재능을 활용할 수 있는 N잡을 찾아보세요. 운전에 능숙하다면 퇴근길 대리운전 앱을 활용해 부수입을 올릴 수도 있습니다.

적은 수입도 모이면 투자 자금이 되고, 자산관리를 시작할 현실적 기반이 됩니다. 중요한 건 기회를 보는 시선이에요.

부자가 되는 데 부채가 꼭 필요한 가요?

사람들은 흔히 "빚은 나쁜 거야"라고 생각하죠. 하지만 실제로는 국가도, 기업도 다 빚을 지고 살아갑니다. 2025년 기준, 미국의 국가 부채는 무려 37조 달러(한화 약 51,800조 원)입니다. 그게 어느 정도냐면, 연 4.5% 금리에 환율 1,400원으로 계산하면 1년 이자만 대한민국 GDP에 가까운 2,331조 원이에요. 놀랍죠?

그뿐인가요? 우리가 알고 있는 거의 모든 대기업도 부채를 안고 있어요. 애플, 삼성, 현대자동차… 다 빚을 활용해서 투자하고 수익을 내죠. 이게 바로 주식회사의 구조에요.

- ✓ **누군가는 일정한 이자를 받고 돈을 빌려주고(채권투자자)**
- ✓ **누군가는 그 돈으로 사업을 해서 수익을 남기고(주식투자자)**
- ✓ **나머지는 투자자와 나누는 거죠(사업가)**

쉽게 말하면 우리가 흔히 아는 채권과 주식이 바로 이 구조를 기반으로 작동해요. 채권Bond은 돈을 빌려주고 안정적으로 이자를 받는 권리를 말해요. 친구에게 100만 원을 빌려주고, 1년 뒤에 105만 원을 받는 것과 비슷하죠.

주식Stock은 기업의 일부를 소유하고 수익과 손해를 함께하는 권리지요. 친구가 카페를 차리려고 하는데 1,000만 원이 필요해요. 친구에게 100만 원을 투자하고 그 카페의 10% 지분만큼 소유하는 것으로 생각하면 돼요.

채권은 안전하지만 수익이 적고, 주식은 위험하지만 장기적으로 수익이 큰 게 바로 핵심적인 차이에요. 즉, 월급으로 투자금을 조금씩 모으면서, 필요하다면 부채를 활용해 자산을 키우고, 채권과 주식을 이해하며 장기적인 관점으로 투자하면 됩니다.

자산관리할 돈이 없어요!

"난 자산도 없는데, 뭘 어떻게 관리하라는 거예요?"

지금 돈이 없기 때문에 오히려 자산관리를 시작해야 합니다. 세상은 절대 공짜 점심을 주지 않아요. 가진 게 적다고 "나중에 돈 생기면 그때 하겠어"라고 미루면, 그 나중은 영영 오지 않을 수도 있습니다. 자산관리는 단순히 월급만 관리하는 게 아니에요. 내 신용, 시간, 기회까지 포함해 전체 구조를 설계하는 것이 핵심입니다.

예를 들어,

✓ **정부의 청년 정책 자금**

✓ **직장을 통해 쌓아가는 신용 등급**

✓ **필요할 땐 저금리 대출**

✓ **그리고 가족의 자산 활용**

이런 것들을 조합해서 적은 돈으로도 현명하게 구조를 만들고 투자할 수 있습니다. 부모님께 "돈 주세요"가 아니라, "부모님 명의의 자산을 **담보**로 **대출**♣을 받을 수 있을까요?"처럼 현실적인 접근이 필요하다는 의미예요.

결국 자산관리는 3%로 자금을 빌려 10% 수익을 내는 구조를 설계하는 것과 비슷합니다. 물론 위험은 존재하고 손실이 날 수도 있어요. 그래서 기본적인 공부와 세상의 흐름을 이해하려는 노력이 필요합니다. 하지만 돈이 없다고 자산관리를 포기하는 건 절대 올바른 선택이 아닙니다.

담보 대출: 내가 가진 자산을 담보로 금융기관에서 돈을 빌리는 방식.

30년 후 내 삶을 바꾸는 선택?

"나는 가진 것도 별로 없는데 굳이 자산관리까지 해야 할까?"

이 질문, 충분히 이해돼요. 하지만 재산이 적을수록 자산관리는 더 중요합니다.

생각해보세요. 지금 한국에서 많은 은퇴자가 노후 준비 없이 살아갑니다. 고정 수입 없이 병원비 걱정, 생활비 걱정에 하루하루를 보내죠. 선택지는 거의 없어요. 반대로 우리 2030 세대는 달라요. 우리는 앞으로 30년을 설계할 시간이 있습니다.

예를 들어, 1970년대 강남을 검색해보세요. 당시엔 허허벌판이었고, 지금처럼 고층 아파트와 수십억 원짜리 건물이 들어설 거라고 상상한 사람은 거의 없었을 거예요.

자산관리를 고민하는 건 단순히 돈을 불리는 일이 아니에요. 내 삶이 변화하는 쪽이 될지, 멈춰서 투덜거리는 쪽이 될지 결정하는 일이죠. 적은 돈이라도, 하루 30분이라도, 지금부터 나의 자산 구조를 설계해야 합니다. 이 선택이 30년 뒤, 나를 준비된 사람으로 만들어줄 가장 중요한 첫걸음입니다.

한 달에 10만 원씩이라도 모아볼까요?

여윳돈 생기면 시작하고 싶어요!

"여윳돈 생기면 저축하고 투자할래요."

이런 생각, 다들 한 번쯤 해봤죠? 문제는 여윳돈과 여유 시간은 현실에서는 잘 생기지 않는다는 거예요. 걷는 중에도 스마트폰을 보고, 밥 먹으면서 일 얘기, 카톡 확인, 회의까지… 쉴 틈이 없죠. 돈도 마찬가지예요. 월급은 나가야 할 곳이 많기 때문에 정작 모을 돈은 잘 안 생깁니다.

근데 여기서 중요한 건, 저축과 투자는 남는 돈으로 하는 게 아니라, 미래를 위해 오늘의 소비를 조금 덜어내는 거라는 점이에요.

그러니까 지금 뭔가를 하고 싶은 마음을 행동이 아니라 계획으로 미뤄두는 거죠. 사회 초년생인 우리는 "한 달에 얼마 저축해야 되나요?"라고 물어보지만, 정확한 정답은 없어요. 그럼에도 불구하고 저는 수입의 30~50%는 저축과 투자를 하자고 말하고 싶어요.

"근데 월급이 너무 적어서 기본 생활도 안 돼요…."라고 말하는 사회 초년생이 많을 거예요. 금액보다 실행이 중요합니다. 저축은 남은 돈이 아니라 먼저 떼내는 돈이에요. 한 달에 10만 원씩이라도 모으기 시작하면, 익숙해지고 요령이 생기면서 자연스럽게 저축과 투자를 늘려나갈 수 있습니다. 이 작은 습관이 10년 후, 20년 후 큰 차이를 만들 거예요.

유동성 자산 vs 투자 자산

여기서 유동성 자산과 투자 자산에 대해 개념 정리를 해볼게요. 처음에 모으는 돈이 적더라도 이 개념을 가지고 시작해야 해요.

- ✓ **유동성 자산 = 쉽게 꺼내 쓸 수 있는 돈**
- ✓ **투자 자산 = 묶어두고 수익을 기대하는 돈**

저축은 유동성 자산입니다. 투자를 위한 대기 자금입니다.

여기서 포인트 하나! 유동성 자산인 저축은 많이 할수록 좋지만, 수익률에 너무 목매지 않아도 돼요. 예를 들어, 김지혜 씨가 한 달에 50만 원, 1년에 600만 원을 저축한다고 해요. 이자율 차이 0.2%면 불과 12,000원이에요. 그런데, 이 0.2% 금리 차이를 찾아보려고 은행 사이

분명히 결과로 나타나요. 의사를 결정하는 시점과 투자수익률이 결정되는 시점의 시장 상황이 바뀌는 경우도 많겠죠. 세상은 변하니까요. 그래서 의사결정은 어렵고, 종종 운이라고 하죠. 우리는 최선을 다해 결정하고 좋은 결과를 기다려야 합니다.

법정화폐 가치하락도 대비해야 한다고요?

월급을 조금씩 아끼고 모으는 것만으로는 충분한 자산을 만들기 어렵습니다. 왜냐하면 과거에도, 앞으로도 각국 정부는 돈을 많이 찍을 수밖에 없어요. 즉, **유동성**♣이 넘치면서 법정화폐의 가치는 자연스럽게 하락할 수밖에 없습니다. 문제는 얼마나 하락하느냐죠.

실제 기성세대 중에는 평생 성실하게 일하며 예금만 해온 분들이 많습니다. 하지만 세상은 변했고, 자산 가격은 오르고, 원화 가치는 떨어지며, 물가는 상승했습니다. 결과적으로 그들의 성실함이 충분히 보상받지 못한 사례도 많아요.

우리 세대는 같은 실수를 반복하면 안 됩니다. 단순히 저축만 하지 말고, 미래를 고려한 선택과 실행을 통해 나만의 전략을 만들어야 해요.

월급에서 일정 금액을 저축으로 남기되, 그중 1/3을 원화로 보유하고 나머지는 미래를 믿고 주식, 가상화폐, ETF, 리츠, 금 등에 분산 투자하다 보면, 단순 예금만으로는 얻기 어려운 자산 성장과 물가 대비 보호를 동시에 할 수 있습니다.

유동성: 자산을 얼마나 빠르고 손실 없이 현금으로 바꿀 수 있는가를 말함.

저축과 투자, 무엇이 먼저인가요?

저축과 투자 중 무엇부터 할까요?

결론부터 말하면, 저축과 투자는 둘 중 하나를 고르는 문제가 아닙니다. 이 둘은 서로를 대체하는 대체재가 아니라, 함께 가져가야 하는 보완재예요. 각자 역할이 다르기 때문에 균형 있게 병행하는 것이 중요합니다. 앞에서 배운 유동성 자산과 투자 자산으로 나누어 볼까요?

- ✓ **유동성 자산 = 언제든 꺼내 쓸 수 있는 돈; 생활비, 비상금, 단기 저축**
- ✓ **투자 자산 = 일정 기간 묶어두고 수익을 기대하는 돈; 주식, ETF, 리츠, 금**

기업들도 이렇게 똑같이 나눠서 관리합니다. 하나는 당장 쓸 수 있는 운영 자금(유동성 자산), 다른 하나는 미래 성장을 위해 투자하는 장기 자산(투자 자산)으로 구분하죠. 우리도 마찬가지예요. 지금 당장 필요할 수도 있는 돈과 미래를 위해 굴려야 하는 돈을 구분해서 관리하는 것. 그게 바로 건강한 금융 습관의 시작이에요.

저축은 안전지대, 투자는 기회 지대

저축은 말 그대로 손실 없이 돈을 모으는 거예요. 주로 은행 예금이나 적금 같은 법정화폐 기반 상품에 들어가죠. 큰 수익은 없지만, 급할 때 꺼내 쓸 수 있고, 예측 가능한 안정성이 장점이에요.

반면에 투자는 손실 가능성을 감수하며 수익을 기대하는 방식이에요. 시장 상황에 따라 가격이 오르내릴 수 있지만, 장기적으로는 자산을 키울 수 있는 기회가 되죠. 이 둘은 서로 대체재가 아니라, 보완재입니다.

"그럼 어떻게 시작해야 하죠?"

사회 초년생이라면 '투자는 아직 좀 무서운데…' 하는 사람도 많죠. 그럴 땐 이런 중간 형태의 선택도 있어요.

예를 들어,

✓ **미국 S&P 500 ETF에 매달 소액씩 투자하기**

⋯› 미국의 대표 500개 기업에 분산 투자하는 펀드예요. 적은 돈으로도 안정적인 장기 성장을 노릴 수 있죠.

✓ **비트코인을 저축처럼 조금씩 모아가기**

⋯› 변동성은 크지만, 희소성과 글로벌 수요를 바탕으로 장기적 가치를 기대할 수 있는 자산이에요.

이런 방식은 저축과 투자의 하이브리드라고 볼 수 있어요. 물론 리스크는 존재하지만, 소액으로 시작하면 감당 가능한 범위 내에서 연습도 되고, 자산을 불릴 기회도 됩니다.

정리하면 이렇게 볼 수 있어요.

✓ **저축은 투자를 위한 준비 과정**

✓ **투자 없이 저축만으론 지금 같은 세상에서 자산 만들기 불가**

✓ **저축만 하지 말고, 나만의 방식으로 투자 병행을 실행해야 함**

저축은 언제든 꺼내 쓸 수 있는 단기 안전지대이고, 투자는 미래를 준비하는 장기 기회 지대입니다. 둘 다 꼭 필요해요. 특히 **인플레이션**♣이라는 눈에 보이지 않는 위험이 커지고 있는 지금, 저축만 하는 것은 절대 안전한 선택이 아니라는 점 꼭 기억하셨으면 해요.

인플레이션: 시간이 지나면서 돈의 가치가 떨어지는 현상.

1,000만 원이 100만 원 가치가 된다고요?

중요한 얘기 하나 하겠습니다. 지금은 단순히 저축하는 것보다, 투자가 훨씬 더 중요해지는 시대입니다. 그 이유는 바로 인플레이션, 즉 물가 상승 때문이에요. 예금은 겉으로 보기엔 안전해 보여요.

예를 들어, 지금 500만 원을 예금에 넣고 30년간 맡긴다고 해볼게요. 금리가 높지 않다면, 이자가 붙어도 기껏해야 1,000만 원 정도가 될 거예요.

그런데 그동안 물가가 10배가 올랐다면요? 그 1,000만 원은 실제로 지금의 100만 원 정도의 구매력밖에 안 되는 돈이 됩니다. 숫자는 늘어났지만, 실질적인 가치는 오히려 줄어든 거죠. 이처럼 우리는 종종 **명목가치**♣만 보고 진짜 중요한 **실질가치**♣를 놓쳐버리곤 해요.

이게 바로 **경제학에서 말하는 "명목가치와 실질가치는 다르다"는 개념이 현실에서 나타나는 순간**입니다. 결국, **법정화폐(원화)를 모은다고 해서 미래의 삶이 안전하지 않아요.**

명목가치: 겉으로 보이는 돈의 숫자.
실질가치: 그 돈으로 실제로 살 수 있는 것들.

대출금을 먼저 갚고 투자해야겠죠?

대출이 있어도 투자에 관심 가져야 하나요?

김지혜 씨는 매달 학자금 대출 상환으로 15만 원을 지출합니다. 어쩌면 대부분의 사회 초년생들이, 자산이 아니라 '부채'로 커리어를 시작할지도 몰라요.

그래서 자주 나오는 질문이 있습니다. "대출이 있는데도, 투자까지 해야 할까요?"

정답부터 말하자면, "네, 그렇습니다"입니다. 오히려 대출이 있다면 더욱더 투자에 관심을 가져야 합니다. 이유가 뭘까요? 대출이 있다는 건, 이미 마이너스 출발선에서 인생이라는 마라톤을 시작했다는 뜻이에요. 다른 사람들이 마라톤의 출발선에서 출발한다면, 우리는 그보다 300미터쯤 뒤에서 뛰기 시작하는 셈이죠.

그렇다면 중요한 건 출발선이 아니라 결승선에 도달하는 전략입니다. 마라톤에서 더 뒤에 있다고 해서 멈춰야 할까요? 아니죠. 오히려 더 나은 전략, 더 꾸준한 페이스로 완주해야 합니다. 대출은 현실입니다. 고민만 한다고 사라지지 않아요. "나는 대출 있으니까 아무것도 못 해"라고 멈추면 그 순간부터 출발조차 하지 않는 것과 같아요.

반대로 이렇게 생각해 보세요. 대출은 조달한 것이고, 투자는 그 돈으로 가치를 만들어가는 것입니다. 금융이란 본질적으로 돈을 빌리고 굴리는 기술이에요. 살면서 대출 없이 살기는 사실상 불가능합니다. 학자금, 전세자금, 주택자금, 창업자금 등등 우리는 언젠가는 반드시 대출과 마주하게 됩니다. 그렇다면 지금부터는 관점을 바꿔야 해요. "대출을 피할 수 있을까?"가 아니라, "대출을 어떻게 현명하게 활용할까?"

대출이 있기 때문에 투자를 무작정 시작하라는 뜻은 아니에요. 중요한 건 균형과 전략입니다. 이자율이 높고 고금리 대출이 있다면, 먼저 갚는 것이 투자보다 더 수익률 높은 선택일 수 있어요. 반대로, 이자가 낮고 상환이 부담되지 않는 수준이라면 적은 금액부터 투자 연습을 병행하는 것이 훗날 큰 차이를 만들 수 있습니다.

왜 현실은 경제교과서와 다른가요?

우리가 학교에서 배운 경제이론은 "개인은 노동을 하고, 소득을 벌고, 그걸 저축해서 은행이 기업에 빌려준다"고 했어요.

하지만 지금 세상은 그렇지 않아요. 개인은 먼저 **대출을 받아 자산을 확보하고, 살면서 천천히 갚아가는 방식이 더 일반적이에요. 대표적인 예가 주택담보대출입니다.** 한국이든 미국이든, 30~50년짜리 장기 주택 대출은 너무도 흔한 일이 되었죠.

물론 대출 없이 시작할 수 있다면 좋겠지만, 현실은 학자금 대출, 생활비 대출, 전세자금 등 이미 빚이 있는 상태로 출발하는 경우가 더 많습니다. 그렇다고 주눅 들 필요는 없습니다. 생각해보세요. 마라톤에서 1분 늦게 출발한다고 해서 결과가 꼴찌로 확정되는 건가요?

절대 아니에요. 중간에 자기 페이스를 찾고, 때로는 추월하고, 후반부에 역전하는 경우도 많습니다. 결국 '지금 대출이 있느냐'가 아니라, 앞으로 '어떤 계획과 흐름으로 자산을 만들 것'인지가 중요합니다. 대출이 있다는 건, 단지 조금 다른 출발점일 뿐, 잊지 말아야 할 것은 포기하지 않고 꾸준히 달려야 한다는 것입니다.

대출을 이해해야 자산을 만들 수 있다고요?

대출 없이 자산을 형성할 수 있을까요? 이론적으로는 가능하죠. 하지만 현실적으로는 거의 불가능에 가까워요. 그래서 중요한 질문은 "대출을 할까 말까?"가 아니라, "어떻게 대출을 전략적으로 활용할 것인가?"입니다.

투자는 단순히 여유 자금으로 하는 것이 아닙니다. 자산을 설계하는 구조를 만드는 행위에 가깝죠. 그리고 그 구조에는 레버리지(=차입)가 반드시 들어갑니다.

예를 들어볼까요? 누군가는 부모님으로부터 3,000만 원이나 5,000만 원을 증여 받을 수도 있어요. 물론, 그런 출발선은 고맙고 부러운 일이죠. 하지만 현실적으로 그런 부모를 둔 사람은 소수에 불과합니다.

대부분의 부모 세대는 이미 자식 교육, 주거 지원, 생활비 부담 등으로 자산을 다 써버렸거나, 자기 노후조차 준비가 부족한 경우가 많습니다. 이 현실을 원망한다고 상황이 달라지지 않습니다. 오히려 무리하게 도움을 요구하면, 부모님과의 정서적 거리만 멀어질 수 있습니다. 그래서 생각을 바꿔야 해요.

"누가 나를 도와줄까?"가 아니라 "내가 어떤 구조를 만들 수 있을까?"입니다.

증여♣든 대출이든 단지 출발선일 뿐입니다. 진짜 중요한 건 어떤 자산 구조를 만들 것인가, 그리고 그 구조를 어떻게 꾸준히 유지하고 발전시킬 것인가예요.

증여: 한쪽 당사자(증여자)가 대가 없이 자기의 재산을 상대방(수증자)에게 주겠다는 의사를 표시하고 상대방이 이를 승낙함으로써 성립하게 되는 계약.

30년 이상 투자해야 한다고요?

은퇴나 노후라는 단어, 지금은 좀 먼 이야기처럼 들릴 수 있어요. 하지만 20대, 30대에 시작한 작은 투자가 나중에 60대, 70대의 삶을 완전히 다르게 만들 수 있습니다.

예를 들어 부모님이 5,000만 원 정도를 증여해주셨다고 가정해봅시다. 이건 비과세 한도 내에서 가능한 규모죠. 이 돈으로 할 수 있는 선택은 다양합니다.

◎ "이 기회다!" 하며 유럽이나 남미로 긴 여행을 갈 수도 있고
◎ "이건 내 인생의 시드머니다" 생각하며 장기투자에 들어갈 수도 있어요.

둘 다 경험이지만, 30년 후를 본다면 투자에 쓰는 선택이 훨씬 큰 차이를 만들어냅니다.

투자에서 긴 시간은 가장 강력한 무기입니다. 단기투자는 시장 흐름, 기업 분석, 투자 감각 등에 따라 결과가 좌우됩니다. 하지만 50년이라는 긴 시간 동안 자산을 불리는 데는 경제 전체 흐름, 즉 매크로를 이해하고 나만의 방향을 설정하는 것이 훨씬 중요해요.

여기서 말하는 투자란 그저 수익률을 쫓는 행위가 아닙니다. 시간, 구조, 방향성을 가지고 나만의 자산 시스템을 만들어가는 과정이에요. 30년의 장기투자는 수익률이 아니라, 미래의 삶의 질을 바꾸는 선택입니다.

공부는 기술이 아니라 도구

그리고 꼭 기억해야 할 게 하나 있어요. 공부는 단순한 기술 습득이 아니라, **내 삶의 방향을 세우기 위한 전략의 일부**라는 점이에요.

우리는 지금 어떤 기술을 배우는 게 아닙니다. 돈을 굴리는 법을 '암기'하는 게 아니라, 내 시간을 어디에 써야 할지, 어떤 기준으로 세상을 바라볼지 스스로 고민해 보는 과정이 바로 공부의 본질이에요.

우리는 누구도 미래를 정확히 예측할 수 없어요. 하지만 어떤 방향을 선택하느냐에 따라, 시간이 지난 뒤의 결과는 완전히 달라질 수 있어요. 책을 몇 권 더 읽었느냐보다 중요한 건, **내가 얼마나 깊이 생각했는지, 어떤 철학을 품고 있는지에 따라 결정돼요.**

경제 유튜브를 꾸준히 보는 것도 좋고, 잠들기 전 투자책 한 페이지를 넘기는 것도 괜찮아요. 하지만 그보다 더 중요한 건, '나는 어떤 기준으로 이 세상을 바라보고 있는가?' 이 질문에 스스로 답해보는 거예요.

공부는 분명 도움이 됩니다. 그렇지만 그 양이 투자 성과를 좌우하진 않아요. 진짜 중요한 건, 이 책을 끝까지 읽고 나서 **나는 앞으로 어떻게 살아갈 것인가를 스스로 정해야 해요. 이 질문에 대한 답을 찾는 순간, 이미 당신은 자산관리의 첫걸음을 내디딘 것입니다.**

조금 더 알아보기

코스피 vs 코스닥

한국에는 크게 두 가지 주식시장이 있습니다. 바로 코스피KOSPI와 코스닥KOSDAQ인데요. 겉으로 보기에는 이름이 비슷해 보이지만, 그 성격과 투자 전략은 다릅니다.

코스피는 삼성전자, 현대차, SK하이닉스처럼 대형, 안정적인 기업들이 상장된 시장이에요. 장기적으로 안정적인 성장을 보여주는 기업이 많기 때문에 변동성이 상대적으로 낮고, 장기 투자에 적합합니다. 지수는 시가총액 기준으로 계산되기 때문에, 규모가 큰 기업의 주가가 지수에 큰 영향을 미칩니다. 즉, 우리나라 경제의 큰 흐름을 보여주는 지수라고 생각하면 이해하기 쉽습니다.

반대로 코스닥은 바이오, IT, 게임 관련 스타트업처럼 중소형, 성장형 기업들이 모인 시장이에요. 높은 성장성을 기대할 수 있는 대신, 주가 변동성이 크고 위험도 상대적으로 높습니다. 코스피보다 단기간에 급등하거나 급락하는 일이 많아서, 단기 투자자나 성장 잠재력이 있는 기업을 발굴하고 싶은 투자자에게 더 매력적일 수 있습니다.

구분	코스피	코스닥
상장 기업	대기업, 안정적 기업	중소·벤처, 기술 중심 기업
성격	안정적, 장기 투자	성장형, 변동성 큼
리스크	낮음	높음
대표 기업	삼성전자, 현대차	셀트리온, 카카오게임즈
지수 영향	시가총액 비중	비교적 작은 기업도 영향

투자 준비 어떻게 해야 하나요?

용어, 금융상품
그리고 대체투자까지

성공한 사람과 실패한 사람의 차이는

계획하고 실행했느냐의 차이다.

✦짐 론✦

여행과 투자가 비슷하다고요?

중국을 여행하려고 할 때 중국어를 알면 유용합니다. 그러나 중국어를 모른다고 중국 여행이 불가한 것은 아닙니다. 하지만 사전에 정보를 조금만 더 알고 준비한다면, 더 깊이 있는 여행, 더 효율적인 소비가 가능합니다. 이를 투자에 비유하면 다음과 같아요.

- ✓ 여권: 해외여행의 기본 요건 ···› 통장이나 증권계좌 개설
- ✓ 경비 마련: 보유 현금, 차입 ···› 유동성 자금, 자산 모으는 개념, 대출 가능성 고려
- ✓ 이동 수단: 항공, 선박 ···› 주식, 채권, 인덱스, 개별 종목
- ✓ 패키지 상품 활용: 전문가가 대행 ···› 금융투자상품, ETF

- ✓ **항공권, 숙소 예약: 개별 호텔 사이트, 숙박시설 예약 서비스 ···→ 직접투자, 간접투자, 금융기관 활용**
- ✓ **항공권, 숙소: 다양한 선택지 ···→ 예금, CMA, ISA, IRP, 연금저축**
- ✓ **여행지 선택: 북경 상해 혹은 사천성이나 신장 등 오지 ···→ 외화예금, 리츠**
- ✓ **중국어: 번역기 활용 가능, 간단한 인사 정도 ···→ 경제분석, 금융 지식**

투자도 마찬가지입니다. 꼭 전문가처럼 모든 걸 알 필요는 없지만, 기초적인 개념과 선택지를 조금이라도 이해하고 있다면, 더 적은 비용과 시간으로, 더 나은 결과를 만들 수 있어요.

나에게 맞는 여행이 있듯, 나에게 맞는 투자도 분명히 있습니다. 준비된 여행이 더 즐겁듯, 준비된 투자는 더 안정적이고 의미 있을 수 있어요. 이제 투자라는 여행을 떠나기 전에, 어떤 금융 상품들이 있는지, 어떤 용어들이 투자에 쓰이는지 차근차근 짚어보겠습니다.

용어나 명칭보다 중요한 건 방향

요즘 세상엔 정보가 너무 많죠. 검색하면 다 나오지만, 정작 너무 많아서 더 혼란스러운 게 현실이에요. 게다가 전문가들은 자기들만의 영역처럼 보이려고 자꾸 새로운 용어나 줄임말, 영어 이니셜 같은 걸 만들어요. ISA, IRP, ETF··· 한 번 들었는데 돌아서면 까먹기 일쑤고, 처음 들으면 뭔가 겁부터 나죠.

근데 이건 순서가 잘못된 거예요. 용어를 다 알아야 투자할 수 있는 게 아니라, 내가 어떤 방향으로 자산을 쌓고 싶은지를 먼저 정해야 해요. 그 방향을 정하다 보면 필요한 상품과 제도들이 자연스럽게 연결되고, 그때 비로소 용어의 이미를 이해할 수 있어요.

예를 들어볼게요. 직장 생활을 하면서 "퇴직금을 어떻게 관리할까?" 고민해본 적 있죠? '나는 퇴직할 때 목돈으로 받기보단, 매달 조금씩 따로 떼어 두고 그걸 주식이나 채권에 투자하면서 은퇴 시점엔 큰 자산을 만들고 싶어.' 이런 방향과 계획이 먼저예요. 그다음에 "그럼 그 목적에 맞는 금융상품은 뭐가 있지?" 이렇게 찾아보는 거죠. 그때 등장하는 게 **IRP**♣예요. 'IRP가 뭔지 외우고, 약자가 뭔지부터 알아야 한다'는 게 아니라 내 계획을 실현해줄 수단 중 하나가 IRP인 거예요. 그러니까 달을 가리키는 손가락에만 집중하지 말고, 진짜 중요한 건 그 달이 뭔지를 먼저 보자는 겁니다.

> **IRP**Individual Retirement Pension, 개인형 퇴직연금: 직장 이동 등 퇴직연금을 유지할 수 있도록 일시금으로 받은 퇴직급여를 적립하는 상품.

앞으로도 부동산 투자 괜찮을까요?

지난 50년간, 한국 사회에서 부를 쌓는 가장 강력한 수단은 부동산이었어요. 강남, 송파, 마포… '부동산만 사면 다 잘됐다'는 식의 이야기도 많았죠. 물론 그 과정에서 실패한 사람도 있었지만, 대부분의 중산층은 부동산 덕을 어느 정도 본 게 사실이에요.

하지만 지금 우리는 전혀 다른 출발점에서, 완전히 다른 환경 속에 살고 있어요. 앞으로의 30년, 50년은 부동산이 아니라 디지털 자산과 암호자산이 자산 격차를 만들게 될 가능성이 높아요. 그 말은, 암호자산으로 많은 사람이 성공하겠지만, 반대로 실패하는 사람도 많아질 수 있다는 뜻이에요. 예전에 부동산이 그랬던 것처럼요.

왜 디지털 자산일까요? 디지털 자산은 여전히 논란이 많아요. "가치가 없다", "불안정하다"는 의견도 많죠.

하지만 생각해 보면, 화폐나 금도 결국 사람들의 신뢰에서 가치가 생긴 자산이에요. 그리고 이제는 비트코인이나 이더리움도 글로벌 자산 시장 속에서 단순한 투기 대상이 아닌 하나의 자산군asset class으로 받아들여지고 있어요.

디지털 전환이 가속화될수록, 우리가 익숙하지 않았던 새로운 자산들이 주요한 자산군으로 성장할 가능성은 더 커질 거예요. 그래서 어떻게 해야 할까요?

겁먹지 마세요. 처음부터 모든 걸 외우거나 이해할 필요는 없습니다. 먼저 방향을 잡고, 그 방향에 필요한 것부터 하나씩 배워가면 됩니다.

이제 이 책에서는, 그 방향을 구체화할 때 필요한 용어들을 아주 쉽게 하나씩 풀어갈 거예요. 처음엔 어렵게 느껴졌던 ISA, IRP, ETF 같은 단어들도 조금만 이해하면 '아, 이런 뜻이었구나!' 하고 더는 겁내지 않게 될 거예요.

기준금리의 기준이 뭔가요? 우리에게 어떤 영향을 끼치나요?

기준금리를 꼭 알아야 하나요?

기준금리는 우리나라 중앙은행, 즉 한국은행이 정하는 금리에요. 한마디로 돈의 가격, 그리고 그 가격의 기준이 되는 값이에요. 좀 더 쉽게 말하자면, 기준금리는 전체 경제에서 금리가 어느 방향으로 움직일지를 알려주는 중심축 같은 역할을 해요. 투자자에게는 "내가 투자할 땐 어느 정도 수익을 기대해야 하지?"라는 판단 기준이 되고, 대출자에게는 "돈을 빌리면 이자율이 얼마나 될까?"를 예측할 수 있는 출발점이 되죠.

기준금리는 경제와 투자 활동에 큰 영향을 끼쳐요. 금리가 오르면 돈을 빌리는 비용이 높아져 기업은 설비 투자나 사업 확장을 줄이고, 개인은 대출을 꺼리게 됩니다. 그 결과 주식시장과 부동산 시장에서 자금 유입이 줄고, 투자 활동이 위축되지요. 반대로 금리가 낮아지면 대출 부담이 줄어 소비와 투자가 활발해지고, 자산 시장에도 긍정적인 영향을 줍니다. 미국 사례를 보면, 2025년 연준이 기준금리를 9월과 10월 두 차례 인하하자 기업 투자와 소비 심리가 일부 회복되고, 금융 시장에서는 위험자산 선호가 높아지는 모습을 보였습니다. 우리나라의 경우, 한국은행이 금리를 동결하거나 소폭 조정할 때마다 주식과 부동산 시장에서 투자 심리가 민감하게 반응하고 있어요. 특히 부동산 시장은 대출 부담 변화에 따라 거래량이 달라집니다. 이처럼 기준금리는 단순한 숫자가 아니라 투자와 소비, 자산 시장 흐름까지 결정짓는 핵심 신호로 작용합니다.

그런데 요즘은 거의 모든 투자를 내 돈으로만 하기엔 어려운 시대예요. 왜냐고요? 내 수중엔 돈이 별로 없거든요. 그래서 자산을 불리기 위해선 남의 돈, 즉 빌린 돈까지 잘 활용하는 전략이 필요해요. 이걸 **레버리지**♣라고 해요.

특히 사회 초년생은 오랫동안 돈을 모아야 하는 입장이죠. 돈을 조금씩 모으면 계단을 오르듯이 자산을 구축해야 해요. 돈을 모으는 과정에서 모이는 속도도 금리에 영향을 받아요. 자산을 구축할 때 대출을 활용한다면, 당연히 이자를 내야 하고, 이 이자 역시 기준금리에 따라 달라져요. 예를 들어, 200만 원을 투자하는 것과 2,000만 원 혹은 2억 원을 대출받아서 투자하는 건 할 수 있는 선택지가 완전히 달라지죠. 물론 이걸 하려면 내가 빌린 돈을 이자와 함께 잘 갚아야 해요. 이걸 '지속 가능성'이라고 해요. 지속 가능성은 국가나 회사

레버리지Leverage: 자기 돈보다 더 큰 금액을 빌려서 투자 수익을 확대하는 것.

에만 있는 것이 아니랍니다. 한 달 한 달 꾸준히 이자 내고, 버텨낼 수 있는 구조를 만드는 것도 포함되죠.

이때 내가 부담해야 하는 이자의 기준, 그게 바로 기준금리예요. 차입이자율의 기준이 되는 금리도 기준금리라고 부릅니다. 기준금리는 한국은행에서 정하지만, 다양한 금융상품이나 대출에서 똑같이 적용되는 중요한 개념이기도 해요.

기준금리가 오르면 나쁜 건가요?

은행에서 대출을 받을 때는 자금조달비용지수COFIX, 코픽스라는 기준금리에 내 신용을 더한 가산금리를 붙여 최종 이자율이 결정돼요. 여기서 COFIX는 Cost of Funds Index, 즉 은행이 자금을 조달하는 데 드는 평균 비용이에요. 쉽게 말해, 은행이 예·적금 등으로 모은 돈의 평균 금리라고 보면 돼요.

이 COFIX는 중앙은행이 정하는 기준금리와 함께 움직여요. 그러니까 기준금리가 오르면 COFIX도 오르고 내가 내야 할 대출이자도 오르는 구조예요. 그리고 가산금리는 내 신용점수나 직장, 소득 같은 조건에 따라 정해지기 때문에 내가 잘 관리하면 줄일 수 있는 영역이기도 해요.

금리가 오르면, 내 삶에도 영향을 줘요. 예를 들어, **대출이 있다면 금리가 오르는 순간 이자 부담이 늘어나죠.** 한 달에 내야 할 이자가 10만 원에서 15만 원으로 늘어날 수도 있어요. 소득은 그대로인데 지출이 늘어나면 당연히 다른 소비를 줄일 수밖에 없고, 최악의 경우엔 원금 상환이 어려워질 수도 있죠. 그래서 기준금리는 단순히 투자자들만 신경 써야 할 숫자가 아니에요. 우리 모두의 **경제생활에 영향을 주는 중요한 지표**예요.

✓ 기준금리 = 정책의 방향, COFIX = 실생활에 적용

조금 더 정리해볼게요.

✓ 기준금리는 정부(정확히는 중앙은행)가 경기를 살리거나 조이기 위해 조절하는 금융정책의 핵심 도구예요.

✓ 기준금리를 낮추면 ⋯› 돈을 빌리기 쉬워지고 ⋯› 소비와 투자가 늘어요. 그래서 기준금리 인하는 경기 부양을 위한 대표적인 정책이죠.

✓ 하지만 금리를 낮춘다는 건 지금 경기가 안 좋다는 신호이기도 해요. 돈 벌기 어려운 시기일 수 있다는 뜻이죠.

그리고 실제로 내가 은행에서 받는 대출이자율은 기준금리에 영향을 받은 COFIX + 내 신용에 따른 가산금리로 정해져요.

그래서 뭘 기억하면 될까요?

✓ 기준금리는 돈의 기본 가격이에요. 경제 전체의 방향을 알려주는 지표죠.

✓ COFIX는 실제 대출금리에 더 직접적인 영향을 주는 금리예요.

- ✓ 가산금리는 내 신용 상태로 조절 가능해요.
- ✓ 금리가 오르면 대출 이자 부담이 커지고, 그만큼 소비나 투자 여력이 줄어들어요.
- ✓ 자산관리를 하려면, 기준금리의 흐름은 꼭 체크해야 해요.

다만, 중앙은행의 기준금리와 대출 시 적용되는 기준금리는 다른 개념이에요. 채권 등 자산 투자에는 중앙은행의 기준금리를, 돈을 빌렸을 때는 시중 은행이 적용하는 기준금리가 중요합니다. 실제로 부담할 이자율의 출발점이기 때문입니다.

은행의 예금
그리고 증권사의 CMA 계좌

CMA 계좌, 예금이랑 뭐가 다른가요?

"CMA가 뭐예요?"

처음 투자에 관심을 갖기 시작하면, 누구나 한 번쯤 이렇게 묻곤 해요. 예금이랑 비슷하다는 말도 들리고, 뭔가 주식계좌와 엮여 있다는 말도 있고… 정확히는 잘 모르겠고 복잡하게 느껴지죠.

그런데요, 결론부터 말하자면, 사회 초년생 입장에서는 예금이든 CMA이든 큰 차이가 없어요. 둘 다 기본적으로 언제든 꺼내 쓸 수 있는 유동성 자산을 잠시 넣어두는 곳이에요. 그러니까 장기투자용이라기보다는, 돈을 잠시 보관하는 주차장 같은 개념이죠.

먼저 이름부터 간단히 정리해볼게요. CMA는 Cash Management Account, 우리말로는 종합자산관리계좌라고 해요. 여기서 Cash는 우리가 흔히 말하는 현금이라기보다 기업 간 거래에서 쓰이는 '어음' 같은 단기 금융 상품을 의미해요.

조금 생소하게 들릴 수 있는데요, 예전에는 중소기업들이 물건을 납품한 후, 거래처로부터 "3개월 뒤에 돈 줄게요" 같은 약속이 적힌 어음을 받았어요. 그런데 문제는 당장 쓸 현금이 없다는 것이었어요. 그래서 그 **어음을 다른 데 팔고 미리 돈을 당겨 받는 방식으로 자금을 조달했죠.** 물론 이 과정에서 수수료를 떼니까 손해도, 위험성도 있었어요.

이것을 제도권 금융기관, 특히 증권사들이 더 안전하고 효율적으로 운영하기 시작한 거예요. 그렇게 탄생한 게 바로 CMA 계좌예요. 한마디로 예전엔 비공식적으로 돌아가던 어음 시장을, 금융 시스템 안으로 들여온 상품이 바로 CMA인 셈이죠.

은행엔 예금, 증권사엔 CMA

자, 이제 이걸 실제 생활에 어떻게 써먹느냐가 중요하겠죠? 기억해두면 좋은 아주 간단한 공식이 있어요.

✓ **은행에 넣는 건 예금, 증권사에 넣는 건 CMA**

예를 들어 증권사에서 주식계좌를 만들면, 계좌에 남아 있는 현금은 자동으로 CMA에 들어가 있어요. 그래서 "주식 투자는 안 해도 이자가 붙는 계좌야"라고 말하기도 해요.

물론 여기서 기대할 수 있는 이자 수익은 그리 크지 않아요. 요즘 CMA 수익률은 연 2% 수준이에요. 100만 원이면 1년 이자가 2만 원 정도예요. 은행에서는 소액 예금에 이자를 거의 주지 않거나 아예 지급하지 않는 경우도 있어서, 예금보다 CMA가 유리하게 느껴질 수는 있어요.

하지만 꼭 기억해야 할 점이 있어요. **주식 계좌의 목적은 CMA 이자가 아니라, 주식 투자 수익이라는 점. 특히 CMA 수익률을 비교해 분석하고 계좌를 만들어 이체하는 것은 권하지 않아요. 자산관리는 소탐대실을 피하고, 큰 그림을 그리는 일이 되어야 하니까요.**

CMA 수익률이 높다고 무조건 좋은 걸까요?

이론적으로 보면, 수익률이 높다는 건 그 증권사가 조금 더 위험한 자산에 투자하고 있을 가능성이 있거나, 신용등급이 낮아서 투자자에게 더 높은 이자를 지급할 필요가 있는 상황일 수도 있어요. 물론 우리나라 금융시장은 비교적 안정적이고, 대부분의 증권사도 안전하게 운영돼요. 하지만, 언제나 예외는 존재하죠.

과거 대우그룹이 발행했던 회사채 사건처럼, 신용위험이 실제로 터진 사례도 있었어요. 그래서 단순히 "이자 많이 준다니까 그냥 거기 넣자"라고 생각하기보다는, "나는 앞으로 어떤 자산을 쌓아갈 것인가?", "어떤 방식으로 자산을 굴릴 건가?" 이런 질문을 스스로에게 던지고 그 답을 찾는 시간을 가져보세요.

주식과 채권은 무엇이 다른가요?

주식은 지분을 사는 거라고요?

주식은 회사가 발행한 증서입니다. 회사의 '지분'을 나눠 가진다는 의미죠. 쉽게 말해, 회사를 쪼갠 조각 중 하나를 사는 거예요. 회사가 돈이 필요할 때 외부 투자자로부터 자금을 모으는 방법 중 하나가 주식을 발행하는 것이에요. 그 대가로 투자자에게는 회사가 수익을 내면 일정 부분을 나눠주는 권리(배당), 회사의 중요한 결정에 참여할 수 있는 권리(의결권)가 생겨요.

예를 들어, **어떤 회사가 100주를 발행했고 내가 그중 2주를 샀다면, 나는 이 회사의 지분 2%를 가진 주주**가 되는 거예요. **이익을 나눌 때도 2%, CEO를 선출하는 등의 의사결정에 투표할 때도 2%의 힘**을 가지는 거죠.

그런데, 요즘 주식은 이런 지분 개념보다, 가격이 오르면 수익, 떨어지면 손실이라는 투자 상품으로 더 많이 인식돼요.

이유는 간단해요. 주식이 거래소에서 사고팔 수 있는 자산이 되었기 때문이죠. 내가 산 주식의 가격이 오르면 차익이 생기고, 떨어지면 손실이 나는 거죠. 그래서 **주식은 처음엔 지분을 나누는 증서에서 시작됐지만, 지금은 시세차익을 노리는 투자 자산으로 인식**되고 있습니다.

채권은 대출 계약서를 사고파는 것?

채권은 아주 단순하게 말하면, 누군가에게 돈을 빌려주고 그에 대한 약속의 증서를 사고파는 것입니다. 예를 들어, 친구에게 100만 원을 빌려주고 "매달 1만 원씩 이자를 줄게. 그리고 정해진 날짜에 원금도 꼭 갚을게"라는 약속을 받았다고 해볼게요. 이런 약속이 문서로 작성되면, 그게 바로 대출 계약서이고, 금융시장에서 이 증서를 사고팔 수 있게 된 것이 바로 채권이에요.

즉, **채권을 가진 사람은 마치 은행처럼 이자를 정기적으로 받고, 만기에는 원금을 돌려받는 권리를 갖게 됩니다.** 투자자 입장에서는 은행처럼 누군가에게 돈을 빌려주고 이자를 받는 구조인 셈이랍니다.

금리가 내리면 채권 가격은 상승한다고요?

채권은 단순히 이자를 받는 상품처럼 보이지만, 실제로는 금리에 따라 가격이 오르내리는 금융상품입니다. 채권은 미래에 받을 고정된 돈이 있기 때문에, 현재 시점에서 이 채권의 가치는 시장의 금리에 따라 바뀌죠. 금리가 높아지면 미래의 돈 가치는 떨어지고, 금리가 낮아지면 같은 금액이라도 현재 가치가 올라가기 때문입니다.

금리와 채권 가격, 왜 반대로 움직일까요?

✓ 상황: 1년 뒤에 100원을 받을 수 있는 채권이 있다고 가정해 보겠습니다.

✓ 금리가 10%일 때: 만약 은행 이자가 10%라면, 지금 90원만 은행에 넣어둬도 1년 뒤에는 이자가 붙어 99원이 됩니다. 굳이 1년 뒤 100원을 주는 채권을 제값 주고 살 이유가 없겠죠? 따라서 이 채권의 현재 가치(가격)는 약 90원 수준으로 낮아집니다.

✓ 금리가 3%로 떨어졌을 때: 반대로 은행 이자가 3%로 내리면 상황이 달라집니다. 은행에 돈을 넣는 것보다 1년 뒤 100원을 확정적으로 주는 이 채권이 훨씬 매력적으로 보입니다. 서로 이 채권을 사려고 하니, 가격은 자연스럽게 약 97원 수준까지 올라갑니다.

✓ 결론: 이렇게 시장 금리가 떨어지니, 채권의 현재 가격은 오히려 오른 것입니다. 이처럼 금리와 채권 가격은 반대로 움직이는 관계에 있습니다.

이처럼 채권 가격은 금리와 반대로 움직입니다. 금리의 변화 폭이 클수록 채권 가격의 등락도 커집니다. 특히 만기가 긴 채권(장기채)일수록 금리 변화에 더 민감하게 반응합니다. 즉, 채권은 단지 '이자를 받는 안전한 자산'이 아니라, 금리 흐름을 예측해서 시세차익을 노릴 수 있는 투자 상품이기도 합니다.

채권 투자에서 손실이 발생하는 경우는?

많은 사람이 채권이라고 하면 원금 보장이 된다고 생각합니다. 물론, 채권을 매입하여 만기까지 보유하면 정해진 이자와 원금을 받는 건 맞습니다. 하지만 문제는 중간에 채권을 팔아야 하거나, 개인이 채권형 펀드를 통해 간접 투자하는 경우에 발생합니다.

채권형 펀드는 다양한 채권을 섞어서 운용하는 상품인데, 이때 금리가 오르면 펀드 안에 있는 채권들의 가격이 떨어지면서 펀드의 수익률도 하락하게 됩니다. 즉, 금리 상승 시기에는 채권형 펀드도 손실을 볼 수 있다는 점을 기억해야 합니다.

채권형 상품이 손실을 입는 대표적인 경우는 단기간에 금리가 급격히 상승하는 경우입니다. 채권은 보유만 해도 이자 수익이 발생합니다. 예를 들어 연이율이 3.6%라면, 매월 0.3%의 이자를 받을 수 있죠. 하지만 동시에 금리가 오르면 채권 가격은 하락합니다. 그리고 이때 얼마나 변동할지 예측하는 지표가 바로 듀레이션Duration입니다.

듀레이션은 금리 변화에 대한 채권 가격의 민감도를 나타냅니다.

예를 들어 듀레이션이 3.0인 채권이라면, 금리가 1% 상승할 때 채권 가격은 3% 하락합니다. 듀레이션이 8.0이라면 금리 1% 상승 시 채권 가격은 8%나 떨어질 수 있다는 얘기죠.

예를 들어, 내가 투자한 채권형 상품의 평균 듀레이션이 8.0이고, 한 달 동안 금리가 0.25% 상승했다면(-8×0.0025=-0.02=-2%), 채권 가격은 약 2.00% 하락합니다. 매월 받는 이자 수익이 0.30%라 해도, 결국 한 달에 약 1.70%의 손실이 발생하는 셈입니다.

이처럼 채권은 단순히 이자만 받는 안전한 자산이 아니라, 시장 금리 변화에 따라 가격이 크게 움직일 수 있는 자산이에요. 그래서 "채권 = 절대 안전"이라고 생각하고 투자하면, 생각보다 큰 손실을 경험할 수도 있다는 점을 꼭 기억해두세요.

주식과 채권의 가장 큰 차이점은?

주식과 채권은 겉으로 보기엔 비슷한 금융상품처럼 느껴질 수 있지만, 투자의 구조 자체가 다릅니다.

구분	채권(Bond)	주식(Stock)
정의	기업이나 정부가 자금을 조달하기 위해 발행하는 부채 증서	기업의 소유 지분을 나타내는 소유권 증서
투자자 지위	채권자(creditor)	주주(owner)
수익 형태	이자(고정 수익) 지급	배당금(변동 가능) + 주가 상승 시 차익

구분	채권(Bond)	주식(Stock)
리스크 수준	상대적으로 낮음 (원금과 이자 우선 상환)	상대적으로 높음 (기업 성과에 따라 손실 가능)
상환 여부	만기 시 원금 상환	상환 없음(소유권 유지)
지급 우선순위	기업 파산 시 채권자 > 주주 후순위, 잔여 재산이 있을 때만 배분만기 있음 (예: 1년, 5년, 10년 등)	없음 (보유 기간 무제한)
의결권	없음	있음(일반적으로 보통주에 한함)
발행 주체	정부, 지방자치단체, 기업 등	기업
수익 예측성	예측 가능(고정 이자율)	예측 어려움(변동성 있음)

배당주 투자는 왜 좋다고 하나요?

배당주 투자, 그게 뭔데 다들 관심 가지는 걸까요?

요즘 "배당주 투자가 좋다던데"라는 말을 자주 듣습니다. 그런데 막상 "배당이 뭐야?"라고 물어보면 쉽게 설명하는 사람은 드물어요. 사실 배당은, 우리가 주식을 매입하는 이유를 다시 생각하게 해주는 중요한 개념이기도 해요.

회사가 사업을 하면서 수익을 내면, 그 이익 중 일부를 주주에게 나눠주는 것이에요. 주식회사 구조를 간단히 말하면, 회사를 만들고, 자금을 모아서 사업을 시작할 때, 누군가에게 돈을 빌리고 "정해진 이자를 드릴게요" 하면 그건 대출이고, 돈을 빌려준 사람은 채권자가 돼요. 그런데 "회사가 이익이 나면 같이 나눠가져요" 하면 그 사람은 주주, 즉 투자자가 되는 거예요.

주주가 되기 위해 투자한 돈을 자본금이라고 해요. 이 자본금은 원금 상환을 보장받지 않아요. 대신 회사가 잘되면, 그 수익의 일부를 배당금 형태로 돌려받는 거예요. 즉, 배당은 회사의 이익을 주주가 **현금흐름**♣으로 받아가는 방식이죠.

현금흐름: 기업 경영에 따른 현금의 움직임. 회사채를 발행하거나 제품을 팔아서 들어온 현금이 공장 설비 도입과 원료구매 및 인건비, 신공장 부지 매입 등에 지출된 내용.

회사가 이익을 내면 그 돈은 이렇게 쓰여요.

- ✓ **직원에게는 보너스(상여금)**
- ✓ **돈 빌려준 사람에게는 이자**
- ✓ **사업 확장을 위해선 재투자**
- ✓ **주주에게는 배당**

바로 이 배당이, 배당주 투자의 핵심이에요. 내가 가진 주식이 수익을 낼 때마다 나에게도 꾸준히 현금을 안겨준다는 것. 이게 바로, 배당주가 현금흐름을 만드는 주식으로 불리는 이유예요. 요즘 사람들은 배당보다는 주가에만 집중해요. "이 주식 샀는데 얼마 올랐어"처럼 자본 차익capital gain에만 관심을 두는 경우가 많아요. "배당은 덤이지"라는 식으로요.

원래 주식이라는 건, 기업의 성장과 수익을 함께 나누기 위한 소유의 참여였어요. 회사가 잘되면 함께 이익을 나누는 것, 그게 주식의 본질이고 그 결과가 바로 배당이죠. 하지만 자본시장이 커지고, 주식투자가 대중화되면서 이러한 기본 개념이 자주 잊히곤 해요.

배당주는 종종 주식과 채권의 장점을 모두 가진 자산으로 여겨지기도 합니다. 주가 상승에 따른 자본 차익도 기대할 수 있고, 정기적인 배당을 통해 채권처럼 안정적인 현금흐름도 창출할 수 있기 때문이죠. 물론, 주가의 등락이나 배당의 지속성은 확정된 것이 아니며, 모두 과거의 실적에 기반한 판단일 뿐입니다. 하지만 은퇴자나 보수적인 투자자들 사이에서는 배당주가 일정한 소득을 만들어주는 매력적인 자산으로 주목받고 있습니다.

저성장 시대에 배당의 의미가 커지는 이유?

최근 들어 배당에 대한 관심이 다시 커지고 있어요. 그 배경에는 지금의 경제 환경이 과거와 달라졌다는 점이 있어요. 과거에는 기업이 수익을 내면 "이 돈으로 더 키워보자!"며 재투자하는 흐름이 강했습니다. 빠르게 성장하던 시기에는 이렇게 사업을 확장해 가는 것이 더 높은 수익으로 이어졌죠.

하지만 **지금은 저성장 시대**지요. **돈을 들여도 예전만큼의 수익을 기대하기 어려운 환경**이 됐습니다. 그러다 보니 기업 입장에서도 "이익을 모두 재투자하는 것"보다 주주에게 수익을 돌려주는 방식을 더 중요하게 여겼고, 투자자들도 주가 상승만 바라보기보다 정기적으로 들어오는 배당금을 더 매력적으로 느끼기 시작한 거죠. 특히 **은퇴가 가까워지거나, 현금흐름이 중요한 투자자에겐 배당이 정말 중요한 수익원**이 돼요. 그럼 어떤 회사가 배당을 줄까요?

모든 회사가 배당을 주는 건 아니에요. 기본적으로 수익이 나야 배당도 주는 것이죠. 당연히 적자 나는 기업은 배당을 줄 수 없어요. 또한, 성장 중심의 스타트업이나 기술 기업은 보통 이익을 다시 사업 확장에 쓰기 때문에 배당을 거의 안 주는 경우도 많죠.

반대로, 사업이 안정적이고, 큰 성장은 아니어도 꾸준한 수익이 나는 기업, 오랫동안 시장에 자리를 잡았고, 외국인 지분이 많은 기업은 배당 성향이 높을 가능성이 커요.

다만 주의할 점도 있어요. 배당이 많다고 해서 그 기업의 주가가 반드시 잘 오르는 건 아니에요. 보통 배당을 많이 주는 회사는 성장 여력이 제한적일 수도 있고, 주가는 큰 변동 없이 안정적인 경우가 많아요. 그래서 **배당주는 고성장보다 안정성을 선호하는 투자자에게 더 잘 맞는 투자 방식이에요.**

배당주 투자가 채권 투자보다 좋은가요?

배당주와 채권은 둘 다 정기적으로 현금이 들어오는 자산이라는 공통점이 있어요. 하지만 구조와 투자 방식은 완전히 달라요. 채권 투자는 돈을 빌려주고, 이자를 받는 구조예요. 원금이 보장되고, 이자율도 미리 정해져 있어요. 그래서 안정적이지만 수익은 제한적이에요.

반면, 배당주 투자는 회사의 일부를 소유한 만큼, 이익이 나면 배당금을 받고, 회사가 성장하면 주가 상승도 함께 기대할 수 있어요. 하지만 원금 보장이 없고, 리스크는 더 크죠.

한마디로 정리하면, 채권은 "적은 수익이라도 안정적으로", 배당주는 "위험을 감수하더라도 더 높은 수익을 기대하며 소유하는 투자"예요.

배당이라는 개념은 주식 수익의 또 다른 출발점이에요. 그동안 주식 투자라고 하면 대부분 주가 등락에만 관심을 두었을 거예요. 하지만 이제는 조금 다르게 생각해볼 때가 됐습니다. 배당은 단지 교과서 속 개념이 아니라, 현실적인 수익의 또 다른 방법이에요.

배당주 투자는, 단기적인 주가 흐름보다 회사의 꾸준한 수익성과 현금흐름에 주목하는 방식이에요. 물론 리스크는 있어요. 하지만 지속 가능한 현금흐름을 만들고 싶다면, 배당주는 충분히 고민해볼 만한 투자 전략이에요.

결국 중요한 것은 내가 어떤 투자 스타일을 추구하느냐입니다. 빠른 수익보다 예측 가능한 현금흐름을 원한다면, 배당주는 꽤 괜찮은 선택이 될 수 있습니다.

지수와 상장지수펀드는 뭔가요?

주식 가격의 등락을 알려주는 지표가 있다고요?

ETF상장지수펀드, Exchange Traded Fund라는 단어를 들으면 꼭 따라붙는 설명이 있어요. 바로 "지수를 추종한다"는 말이죠. 그런데 여기서 말하는 지수가 정확히 무엇인지, 그 지수가 왜 중요한지를 명확히 알고 있는 사람은 많지 않아요.

간단히 말해 **주가지수Index란, 시장에서 거래되는 주식 가격의 움직임을 숫자로 표현한 것**입니다. 예를 들어 오늘 코스피 지수가 100포인트였다가 내일 103포인트가 되었다면, 지수가 3% 오른 것이고 이는 시장 전체가 평균적으로 3% 상승했다고 볼 수 있어요. 따라서 그 지수를 그대로 따라가는 ETF에 투자했다면, 나의 투자 수익도 비슷하게 3% 오른 셈이죠.

즉, 지수에 투자한다는 건 지수를 그대로 따라가는 금융상품에 투자한다는 것입니다. 이 상품을 인덱스 펀드라고 부르고, 최근에는 이를 상장시켜 주식처럼 사고팔 수 있게 만든 것이 바로 ETF입니다.

✓ **ETF 수익률 = 주가지수의 수익률 = 내 수익률**

그래서 ETF는 시장 평균을 사는 전략이라고 불리기도 합니다. ETF는 개별 종목으로 대박을 노리는 투자와 달리, 시장 전체의 평균 수익률을 그대로 따라가는 안정적인 투자 방식이죠. 내가 선택한 지수가 장기적으로 우상향할 거라 믿는다면, ETF는 그 흐름을 가장 단순하고 확실하게 따라가는 방법이 될 수 있어요.

주가지수를 계산할 수 있을까요?

그렇다면 우리가 말하는 주가지수는 어떻게 만들어질까요? 투자자가 직접 계산할 수 있을까요? 지수의 산출 방식은 대표적으로 세 가지가 있습니다.

✓ **A. 가격가중 방식**

이 방식은 각 종목을 1주씩 샀다고 가정해서 계산하며, 주가가 높은 종목일수록 지수에 더 큰 영향을 주게 됩니다. 예를 들어 미국의 다우존스 지수와 일본의 니케이225가 바로 이런 방식을 사용합니다.

AB종목의 주가가 10만 원, CD종목의 주가가 5,000원이라면, 두 종목이 10% 상승해도 지수에는 AB종목의 영향이 20배 더 크게 반영됩니다. 단순하고 직관적이라는 장점이 있지만, 주가가 높은 종목에 편중된다는 단점이 있습니다.

✓ B. 동일가중 방식

모든 종목에 동일한 금액을 투자했다는 가정입니다. 예를 들어, 1,000만 원 투자할 때 100만 원씩, 10개의 종목에 각각 같은 금액을 투자해 평균 수익률을 계산하는 방식입니다. 추가 매입과 매도가 필요 없다는 조건이 전제되어야 하므로 실제 금융시장에서는 거의 사용되지 않습니다.

✓ C. 시가총액 방식 - 가장 일반적인 방식

현재 대부분의 대표적인 지수는 시가총액 방식으로 계산됩니다. 각 종목의 주가에 발행주식을 곱해 시가총액을 구하고, 이를 기준으로 지수를 구성하는 방식입니다. 시가총액이 큰 회사일수록 지수에 더 큰 영향을 미치기 때문에, 예를 들어 시가총액이 10조 원인 회사와 1조 원인 회사가 같은 비율로 주가가 움직여도, 큰 회사의 움직임이 지수에 훨씬 크게 반영됩니다. 한국의 KOSPI와 KOSPI200, 미국의 S&P 500이 모두 이 방식을 사용합니다. 지수는 기준 시점을 정하고, 그때의 총 시가총액을 100포인트로 삼아 이후 변화율을 추적합니다. 예를 들어 KOSPI는 1980년 1월, KOSPI200은 1990년 1월을 기준으로 100포인트에서 출발했습니다.

이렇게 주가지수는 단순한 숫자의 움직임이 아니라, 시장 전체의 흐름을 보여주는 척도라고 이해할 수 있습니다. 물론 투자자가 직접 계산할 수도 있지만, 대부분은 ETF나 인덱스펀드를 통해 지수를 따라가는 방식으로 투자합니다.

지수는 모두 똑같나요?

지수를 활용한 ETF 상품이 만들어지려면, 그 기초가 되는 지수를 누구나 이해할 수 있고, 따라 할 수 있어야 합니다. 즉, 계산 방식이 공개되어 있고, 기준이 객관적이고 투명해야만 많은 사람의 돈이 담기는 ETF의 기초 자산이 될 수 있죠.

가끔 금융회사들이 자체적으로 지수를 만들어서 "이건 우리만의 전략지수입니다"라고 소개하기도 합니다. 하지만 이런 지수는 일반 투자자들이 이론적으로 복제하기 어렵고, 공식 지표로서 인정받기 힘듭니다. 반면 금융시장에서는 MSCI 지수, S&P 500 지수처럼 전 세계적으로 많은 사람이 활용하는 지수는 훨씬 더 의미 있고, 신뢰받습니다.

결국, **지수의 가치란 지수를 사용하는 사람의 수에 의해 결정된다**고 해도 과언이 아닙니다. 시장에서는 독특함보다 많이 쓰는 것이 중요합니다. 당연히 ETF가 따르는 지수도 마찬가지입니다. **초보자에게는 운용 구조가 단순하고, 수익 예측이 상대적으로 쉬운 ETF가 초기 투자 대상으로 매우 유용**하다고 할 수 있습니다.

ETF와 개별 종목, 펀드와의 비교

ETF는 평균 수익을 목표로 한다고요?

ETF와 개별 종목 주식을 비교하면 ETF는 평균 수익을 목표로 하는 투자 방식이라 할 수 있습니다. 반면에 개별 종목 주식 투자는 최고 수익을 추구하는 전략입니다. 쉽게 말해, ETF 투자자는 "100명 중 50등 정도만 되어도 만족한다"는 마음으로 접근합니다. 하지만 시장을 따라가는 동안 의외로 20등, 30등의 성과를 내는 경우도 있습니다.

반면 개별 종목 투자는 "이번엔 대박 날 거야", "열심히 해서 상위권에 들어야지"라는 기대와 함께 시작합니다. 현실은 어떨까요? 개인 투자자 상당수는 기대한 성과를 내지 못하고, 오히려 손실을 보는 경우가 많습니다. 이유는 간단합니다. 투자 시장은 개인 vs 외국인·기관 투자자 간 경쟁 구조이기 때문입니다.

실제 사례를 보면, 코스닥 지수는 1996년 7월 1일 기준 1,000포인트에서 시작했지만, 2025년 기준으로 약 800포인트 수준입니다. 2000년 9월에는 2,925포인트까지 올랐지만, 이후 장기적으로 하락하거나 정체되었습니다. 지수가 장기적으로 하락한 경우, 이를 추종하는 ETF 역시 수익을 내기 어렵습니다. 개별 종목을 자주 매매하는 개인투자자들은 거래수수료와 세금을 반복적으로 추가 부담하기 때문에, 평균적으로 지수보다도 수익률이 더 낮을 가능성이 높습니다.

더구나 주식시장에서 개인 투자자들은 지수가 최고치를 경신할 때 매입을 늘리는 경향이 있습니다. 즉, 가격이 가장 높을 때 사고, 하락기에는 관망하는 행동을 반복합니다. 이런 패턴이 계속되는 한, 개인 투자자들의 성과가 좋을 가능성은 낮습니다.

결국 **ETF는 시장 평균을 따라가며 안정적인 수익을 목표로 하고, 개별 종목 투자는 대박과 실패가 공존하는 전략적 선택**이라는 점을 이해하는 것이 중요합니다.

ETF가 펀드보다 좋은 점은?

ETF와 일반 펀드는 얼핏 비슷해 보이지만, 실제로는 여러 면에서 차이가 있어요. 두 상품 모두 여러 종목에 분산 투자하도록 설계되어 있고, 주식시장에 상장된 종목을 중심으로 구성된다는 점에서는 공통점이 있습니다. 그러나 운용 방식, 투자 전략, 수수료 구조, 거래 방법 등에서는 큰 차이가 있습니다. 특히 초보 투자자라면 이 차이를 정확히 이해하고 자신에게 맞는 상품을 선택하는 것이 중요합니다.

ETF의 목표는 단순해요. "나는 이 지수만큼 수익을 낼 거야." 복잡한 전략 없이 시장 평균 수익률을 따라가는 구조여서 투자자 입장에서는 수익률을 어느 정도 예측할 수 있고, 감당해야 할 위험도 비교적 낮습니다.

반면, 일반 펀드는 지수보다 더 높은 수익률을 추구합니다. 운용사는 다양한 전략을 사용해 더 나은 성과를 내겠다고 홍보하고, 투자자를 모집하지요. 그러나 지수보다 낮은 수익을 내거나, 손실을 기록하는 경우도 적지 않습니다. 특히 시장이 불안정할수록 펀드 성과는 들쭉날쭉해질 수 있어요.

또 하나 큰 차이는 비용입니다. ETF는 구조가 단순하고 거래가 최소화되어 있기 때문에 운용 보수와 매매 비용이 낮습니다. 반대로 일반 펀드는 여러 종목을 자주 사고팔고, 전문 운용역의 인건비와 마케팅 비용까지 포함되기 때문에 수수료가 상대적으로 높을 수밖에 없습니다. 장기적으로 보면, 자주 발생하는 매매 수수료와 운용 비용이 수익률을 갉아먹어 펀드 투자로 높은 수익을 내기 어렵게 만드는 요인이 됩니다.

ETF는 단순하지만 예측 가능한 시장 평균 수익을 추구하며 비용이 적게 드는 투자이고, 일반 펀드는 높은 수익을 목표로 하지만 성과가 들쭉날쭉하고 비용 부담이 큰 투자라고 이해하면 좋습니다.

ETF는 실시간 투자가 가능한 펀드

ETF는 펀드지만, 일반적으로 판매사에서 매입하는 펀드와는 차이가 있습니다. 판매사에서 펀드를 사면 미래 가격으로 거래해야 하지만, 상장된 ETF는 실시간으로 매수와 매도가 가능합니다. 즉, 투자자가 보고 있는 가격에 바로 거래할 수 있는 것이죠.

반면 일반 펀드는 하루 한 번 정해진 기준가로만 거래됩니다. 예를 들어, 월요일에 펀드를 매수하면 화요일 주식시장 마감 가격으로 매수되고, 수요일에 팔면 목요일 기준가로 환매됩니다. 하루 정도의 시간차가 생기는데, 이 시간 동안 가격이 오르거나 내릴 수 있습니다. 많은 투자자가 이 '시차'를 불편하게 느끼며, 특히 시장이 빠르게 움직일 때는 불리하게 작용할 수 있습니다.

그래서 ETF는 주식처럼 직관적으로 느껴집니다. 내가 지금 보고 있는 시장 가격으로 바로 사고팔 수 있으니, 실시간으로 시장에 참여한다는 느낌을 주죠. 이 때문에 심리적으로 일반 펀드보다 익숙하고 편안하게 느껴지는 경우가 많아요. 다만, 이론적으로 ETF와 펀드의 장기 투자 성과에는 큰 차이가 없습니다.

결국 중요한 것은 투자자의 성향과 목표입니다. 복잡한 거 싫고, 평균이라도 안정적인 수익을 원한다면 ETF가 좋은 선택이 될 수 있습니다. 반대로 조금 공부해서 더 높은 수익을 노려보고 싶다면 개별 종목이나 펀드도 괜찮은 선택이에요. 어떤 상품을 선택하든, 구조와 비용, 전략을 정확히 이해하고 투자하는 것이 무엇보다 중요합니다.

세금혜택이 있는 ISA는 필수인가요?

세전 수익률과 세후 수익률이 다른가요?

투자에서 수익이 발생하면 세금을 내야 합니다. 원칙적으로 모든 투자에는 세금이 붙죠. 여기서 세전 수익률과 세후 수익률을 구분할 필요가 있습니다. 세전 수익률은 세금을 내기 전 수익률이고, 세후 수익률은 세금을 낸 뒤 실제 내 손에 들어오는 금액입니다.

사회 초년생이라면 대부분의 주식 투자(종목별 10억 원 이하)나 암호자산은 세금이 없거나 적어서 크게 민감하지 않을 수 있습니다. 하지만 사회생활이 이어지고 소득이 늘며 자산이 증가하면, 세금은 투자 수익을 좌우하는 중요한 요인이 됩니다.

그래서 세금 혜택이 있는 금융상품은 우선적으로 가입하고 활용하는 것이 좋습니다. 대표적인 예가 ISA Individual Savings Account, 개인종합자산관리

계좌입니다. 투자 이야기를 듣다 보면 "ISA 계좌 쓰면 세금을 덜 낸다"는 말을 자주 듣지만, 구체적으로 무엇인지, 누구에게 도움이 되는지는 잘 모르는 경우가 많습니다.

투자를 평가할 때 가장 흔히 보는 지표는 수익률입니다. 하지만 비슷한 수익률이라도 세금이 얼마나 부과되는지에 따라 실제 내 손에 남는 돈은 크게 달라집니다. 예를 들어, 수익률이 5%인 두 투자 상품이 있다고 가정해봅시다. 하나는 세금을 15% 내고, 다른 하나는 거의 안 낸다면, 당연히 세금을 덜 내는 쪽의 실제 수익이 훨씬 높겠죠.

미국 주식에 직접 투자하는 경우도 마찬가지입니다. 수익이 나면 양도소득세를 내야 하지만, 세금을 내고도 남는 수익이 크기 때문에 투자하는 사람들이 많죠. 결국 투자에서는 세후 수익률 중심으로 판단하는 것이 중요합니다.

자산관리의 출발, ISA(개인종합자산관리계좌)

ISA의 가장 큰 장점은 여러 투자 상품을 하나의 계좌에서 운용하면서 세금 혜택까지 받을 수 있다는 점입니다. 일반형은 연간 200만 원까지, 서민형은 연간 400만 원까지 발생한 수익에 대해 세금이 아예 붙지 않습니다. 그리고 이 한도를 초과한 수익에도 기본 세율보다 훨씬 낮은 9.9%만 부과됩니다.

ISA로 투자할 수 있는 상품도 다양합니다. 국내 주식, 국내 ETF(해외 ETF 중 국내 상장된 상품 포함), 펀드, 예금 등이 있습니다.

단, 해외 주식을 직접 매수하는 것은 불가능합니다. 애플이나 테슬라 같은 해외 주식을 사고 싶다면, ISA가 아닌 일반 주식계좌에서 거래해야 합니다. 다만, 국내에 상장된 해외 ETF, 예를 들어 S&P 500을 추종하는 ETF 같은 상품은 ISA 안에서 투자할 수 있습니다.

ISA는 단기용 계좌가 아닙니다. 가입 후 최소 3년은 유지해야 세금 혜택이 적용됩니다. 따라서 장기적으로 투자할 돈을 넣는 것이 좋습니다. 사회 초년생이라면, 자산관리의 출발점으로 ISA 가입을 우선적으로 고려하는 것이 합리적입니다.

ISA는 어떤 사람에게 유리할까요?

ISA는 특히 국내 주식이나 ETF에 정기적으로 투자하고 싶은 분들에게 잘 맞습니다. ETF는 배당소득에 세금이 붙는데, 이걸 ISA 안에서 운용하면 세금 부담을 줄일 수 있기 때문입니다.

참고로 국내 주식은 원래 시세 차익에 대해서는 양도세가 없습니다. 그래서 "굳이 ISA를 써야 하나?"라고 생각할 수 있습니다. 하지만 ISA는 ETF 세제 혜택과 배당소득 비과세 측면에서 여전히 유용한 선택지가 될 수 있습니다. 또한 ISA는 나중에 연금저축 계좌로 전환할 수 있어, 장기적인 자산관리나 은퇴 준비에도 활용도가 높습니다.

간단히 이렇게 정리할 수 있습니다.

✓ **해외 주식과 암호자산은 일반 계좌에서 거래**

✓ 국내 주식과 ETF는 ISA 안에서 운용하면 절세에 유리

다만, 세금 혜택이 있다고 무조건 좋은 것은 아닙니다. ISA가 좋다고 해서 무작정 사용하는 것은 피해야 합니다. 정부가 세금 혜택을 제공하는 이유는 정책적 유도가 있기 때문이며, 제도 속 상품이 늘 수익성이 좋은 것은 아니기 때문입니다.

✓ 예금은 인플레이션을 따라가지 못할 수 있고

✓ 펀드는 수수료가 높아 실제 수익이 줄어들 수 있으며

✓ 국내 주식은 변동성이 커서 꾸준한 수익을 내기 어려울 수 있습니다

즉, **아무리 세금이 절감되더라도 계좌 안에 담을 자산이 실제 수익을 낼 수 있는지는 별도로 반드시 확인해야 합니다.**

또 하나 중요한 점은, **ISA 관련 제도는 자주 바뀌는 편**입니다. 비과세 한도, 투자 가능한 자산, 만기 조건 등이 달라질 수 있으므로, 실제로 가입하거나 운용하기 전에는 최신 정보를 반드시 확인해야 합니다.

정리하면,

✓ ISA는 세금 혜택을 받으며 투자할 수 있는 통합 계좌

✓ 국내 주식이나 ETF 장기 투자에 유리

✓ 해외 주식과 암호자산은 ISA 밖에서 운용

✓ 세금 혜택도 중요하지만, 결국 계좌 안에 담는 자산의 수익성이 핵심

✓ 제도는 바뀔 수 있으니 가입 전 최신 조건 확인 필수

개인퇴직연금, IRP가 벌써 필요한가요?

퇴직연금이 있는데, IRP가 필요한가요?

퇴직연금은 회사가 근로자의 퇴직금을 운용하는 제도입니다. 여기에는 회사가 지급할 금액을 미리 정해두는 DB형(확정급여형)과 근로자가 직접 투자 상품을 선택할 수 있는 DC형(확정기여형)이 있습니다.

IRP, 즉 개인퇴직연금Individual Retirement Pension은 이러한 퇴직연금을 보완하기 위해 개인이 가입할 수 있는 계좌입니다. 퇴직금을 받을 때 IRP 계좌로 이전하거나, 추가로 납입해 노후 준비용으로 운용할 수 있습니다. 쉽게 말하면, 국민연금이 국가 차원의 기본 소득이라면 IRP는 내가 직접 준비하는 개인 연금 통장입니다. 회사에서 받는 퇴직금과 별도로, 내 명의로 관리되는 계좌라고 생각하면 이해가 쉽습니다.

사회 초년생에게는 ISA가 먼저 고려될 계좌이지만, IRP도 노후 대비라는 관점에서 미리 알아두면 좋습니다. **IRP는 소득이 있는 누구나 가입 가능**하며, 직장인뿐만 아니라 공무원, 군인, 교사, 개인사업자 등도 활용할 수 있습니다. **월급이 꾸준히 들어오는 구조라면, 지금부터라도 조금씩 노후를 준비할 수 있는 계좌입니다.**

세금 혜택은 어떻게 되나요?

IRP는 연간 납입액 중 최대 300만 원까지 세액공제 혜택이 있어요. 연금저축과 합산하면 총 1,800만 원까지 납입 가능하고요.

- ✓ **IRP 300만 원 + 연금저축 600만 원(세액공제 대상) 혹은**
- ✓ **IRP 300만 원 + 연금저축 1,500만 원(전체 납입 가능 한도)**

이렇게 조합할 수 있어요. 세액공제라는 건 연말정산 때 실제로 돌려받는 돈이 생길 수 있는 구조이기 때문에 소득이 있는 사회 초년생이라면 이 혜택은 반드시 활용하는 게 좋아요.

계좌 개설은 어떻게 하나요?

다음은 IRP 계좌개설에 대한 내용입니다.

- ✓ **IRP는 한 사람당 최대 2개 증권사까지 개설 가능하고**

- ✓ 연금저축펀드는 한 사람당 1개만 가능
- ✓ IRP는 소액이라도 꾸준히 쌓는 용도로 적합하고,
- ✓ 일부 증권사는 계좌관리 수수료를 아예 받지 않기도 함

다만, 제도와 세부 규정은 수시로 바뀔 수 있으니, 실제 가입하기 전에 가장 최근 조건을 꼭 다시 확인하는 걸 추천해요.

어떤 자산에 투자할 수 있나요?

IRP 계좌 안에서는 다양한 금융상품에 투자할 수 있습니다. 예를 들어, 예금, 국고채, 펀드, ELB(원금보장형 상품), 국내 상장 ETF 등이 가능합니다.

다만, 퇴직연금계좌라는 특성상 손실 위험이 큰 개별 주식 직접 투자는 불가능합니다. 또한, 해외 ETF나 레버리지·인버스 ETF도 운용할 수 없습니다.

계좌 자산의 30%는 안정형 상품으로 유지해야 하며, 나머지 70% 이하 범위에서 ETF 등 투자자산으로 운용할 수 있습니다. 게다가 가입 후 최소 5년 이상 유지해야 하고, 중도 인출도 불가능합니다.

즉, IRP는 단기 이익을 기대하며 투자하는 계좌가 아니라, 내 인생 후반전을 위한 곳간처럼 차근차근 쌓아가는 계좌라고 생각하는 것이 가장 적합합니다.

IRP를 어떻게 활용하면 좋을까요?

이렇게 생각해보세요. "IRP는 그냥 없는 셈 치고, 내가 미래에 꺼내 쓸 자산을 조금씩 따로 모아두는 창고다." 그리고 내 자산 포트폴리오를 설계할 때 "이 자산은 IRP로 모으자" 하고 계획적으로 쌓아두는 거예요. 세금 혜택도 있고, 강제로 꺼내 쓰지 못하니까 소비 유혹에 휘둘리지 않고 꾸준히 모을 수 있는 구조가 되는 거죠.

정리하면 IRP의 핵심 포인트는 다음과 같습니다.

✓ IRP는 내가 직접 준비하는 노후 연금 계좌

✓ 소득 있는 사람이라면 누구나 가입 가능

✓ 세액공제 혜택: 연 300만 원, 연금저축과 합산해 총 1,800만 원까지

✓ 개별 주식, 해외 ETF는 투자 불가, 대신 국내 ETF나 예금, 펀드 중심

✓ 가입 후 5년 이상 유지 필수, 중도 인출 불가

✓ 장기적으로 '없는 돈처럼' 쌓아가는 전략이 핵심

✓ 제도는 자주 바뀌므로 가입 전 최근 조건 확인은 필수!

IRP와 연금저축의 비교

	세액공제 한도	총급여 5,500만원 초과 (종합소득 4,500만원)	총급여 5,500만원 이하 (종합소득 4,500만원)
연금저축펀드	600 만원	13.2%(792,000원)	16.5%(990,000원)
IRP	900 만원	13.2%(1,188,000원)	16.5%(1,485,000원)
연금저축펀드 + IRP	900 만원		

노후 준비의 마무리, 연금저축

공적연금, 퇴직연금 그리고 연금저축

긴 인생을 놓고 보면, 직장 생활은 노후를 준비하는 단계라고 볼 수 있습니다. 사람은 일을 위해 살기보다, 여유롭고 행복한 삶을 누리기 위해 살아야 하죠. 그리고 그 여유와 자유는 어쩌면 직장을 떠난 이후에 비로소 가능할지도 모릅니다.

우리가 자산을 모으는 이유도 결국 평생 경제적 자유를 얻기 위해서이며, 모든 준비가 서로 연결되어 있습니다. 노후를 대비해 직장인들은 국민연금과 같은 **공적연금**♣을 납부하고, 퇴직금을 개인형 퇴직연금인 IRP로 이체하여 보완합니다.

공적연금: 국가 차원에서 개인의 노후 준비를 지원하기 위해 만든 연금제도로 국민연금·공무원연금·사학연금·군인연금이 대표 4대 공적연금.

여기에 더해, 공적연금과 퇴직연금을 보완

하는 3단계 노후 준비 수단으로 연금저축이 있습니다. 사회 초년생보다는 40대 이후에 주로 고려하는 상품이지만, 상황에 따라 일찍 시작해도 좋습니다.

연금저축은 IRP와 함께 은퇴 이후를 위한 자산을 쌓는 데 초점을 맞춘 계좌예요. ISA가 다양한 자산을 세제 혜택 안에서 운용할 수 있는 통합 계좌라면, IRP와 연금저축은 보다 명확하게 은퇴 후 생활비 확보를 위해 설계된 상품으로 볼 수 있어요. 두 계좌는 서로 대체하는 것이 아니라 보완 관계이므로, 여력이 된다면 두 가지를 함께 활용하는 것이 바람직합니다.

연금저축은 상품 형태에 따라 세 가지로 나뉩니다.

✓ **연금저축보험: 보험 형태**

✓ **연금신탁: 신탁 형태**

✓ **연금저축펀드: 펀드 형태**

사회 초년생이 주로 선택하는 것은 연금저축펀드입니다. 다른 상품보다 투자 유연성이 높고, 수익을 추구할 수 있기 때문입니다.

연금저축은 절세 효과가 있다고요?

연금저축의 가장 큰 장점은 세액공제 혜택이에요. 연간 최대 600만 원까지 세액공제를 받을 수 있으며, 총 급여 5,500만 원 이하인 가입자의 경우 공제율은 16.5%(지방소득세 포함)로, 최대 99만 원까지 세금을 줄일 수 있습니다. IRP와 연금저축을 합산한 세액공제 한도는 700만 원으로 제한되어 있기 때문에, IRP 300만 원, 연금저축 400만 원 조합이 일반적으로 가장 효율적인 구조입니다.

연금저축에 가입하면 이런 세금 혜택 외에도 과세이연이라는 특징이 있어요. 과세이연은 말 그대로 세금을 지금 내지 않고 나중에 내는 것입니다. 즉, 연금저축에서 발생한 수익에 대해서 지금 세금을 내지 않고, 55세 이후 연금으로 받을 때 세금을 납부하게 됩니다. 당연히 이때 적용되는 세율은 비교적 낮아요. 수령 시점 기준으로 55세 이후는 5.5%, 70세 이후는 4.5%, 80세 이후에는 3.5%의 세율이 적용됩니다. 수입이 줄어드는 은퇴 시기에 세금을 덜 내는 구조이기 때문에, 전체적인 절세 효과는 매우 크다고 할 수 있습니다.

다만, 노령화와 경제 상황에 따라 세제 혜택은 변동될 수 있으므로, 가입 전 최신 정보를 반드시 확인하는 것이 중요합니다.

연금저축은 어떻게 활용해야 하나요?

연금저축펀드는 IRP와 마찬가지로 55세 이후 은퇴 시점에 활용할 수 있어, 자산의 일부를 장기적으로 묶어두는 용도로 매우 유용합니다. 지금 당장 꺼내 쓸 수 없는 구조이기 때문에 오히려 소비 유혹에서 자유롭고, 시간이라는 복리의 힘을 활용해 자산을 꾸준히 쌓을 수 있는 장점이 있습니다.

무엇보다, 세제 혜택 자격이 되는 경우 IRP를 우선 활용하고, 추가 납입 여력이 있을 때 연금저축까지 활용하는 것이 가장 이상적이에요. 연금저축 계좌 안에서는 펀드, ETF, 리츠 등 다양한 자산에 투자할 수 있지만, 개별 주식이나 해외 ETF, 레버리지·인버스 ETF 같은 고위험 상품은 투자할 수 없습니다. 이는 IRP와 비슷한 구조로, 안정적인 장기 투자를 유도하기 위한 장치입니다. 다만, 연금저축은 IRP와 달리 안전자산 비중 제한이 없어, 보다 유연한 포트폴리오 구성이 가능합니다.

사회 초년생이 세금 혜택을 최대한 활용하면서 자산관리를 시작하려면, ISA, IRP, 연금저축 이 세 가지를 기초 구조로 삼는 것이 좋아요. 각각의 상품은 투자 가능한 자산 범위와 세제 구조가 다르기 때문에, 자신의 상황에 맞게 우선순위를 정해 활용하는 것이 중요해요.

또한, 이런 상품을 활용한 투자는 유동성 자금 관점에서 접근하는 것이 바람직합니다. 가장 중요한 것은 투자 상품 자체가 아니라, 편입하는 자산이 만들어 내는 수익이라는 점입니다. ISA나 IRP에 가입하는 것도 중요하지만, 무엇보다 어떤 자산에 투자하느냐가 장기적인 자산 형성에 결정적인 역할을 합니다.

대체투자 1
외화예금

달러를 사서 보관하는 예금도 있다고요?

외화예금을 쉽게 설명하자면, 외국 돈을 사서, 은행에 넣어두는 것입니다. 예를 들어 미국 달러의 가치가 앞으로 오를 것 같다고 판단되면, 그 달러를 미리 사서 외화예금 계좌에 넣어두는 방식이에요.

외화예금의 장점은 두 가지입니다. 첫째, 이자 수익, 달러를 맡긴 은행에서 미국 금리 기준으로 이자가 붙습니다. 둘째, 환차익 가능성, 나중에 환율이 올라 달러를 원화로 바꿀 때 시세차익을 얻을 수도 있습니다.

쉽게 이해하면, 외화 예금은 다른 투자와 비슷한 원리로 볼 수 있습니다.

✓ 주가가 오를 것 같으면 주식을 사고

✓ 금리가 떨어질 것 같으면 채권을 사고

✓ 금값이 오를 것 같으면 금 ETF를 사듯

✓ 환율이 오를 것 같으면 달러(또는 외국 통화)를 사서 보관하는 구조

즉, 외화예금은 환율과 금리 흐름을 활용한 간접 투자라고 이해하면 됩니다.

원화로는 손실이 발생할 수도 있다고요?

외화예금은 얼핏 보면 그냥 은행 예금처럼 들립니다. 예금이라는 이름도 그렇고, 은행 창구나 앱에서도 안정적 상품처럼 소개되곤 하죠. 외화 기준으로는 예금이지만 원화 기준으로는 투자상품으로 봐야 합니다. 외화 기준으로는 예금이므로 원금 손실이 없어요. 하지만 원화로 환산하면, 환율 변동에 따라 손실이 발생할 수 있습니다.

예를 들어, 매달 10만 원씩 달러로 환전해 외화예금에 넣었다고 가정해볼게요. 1년 뒤, 투자자는 한국 돈으로는 총 120만 원을 넣었지만 환율 변동 때문에 115만 원 정도로 줄어들 수 있습니다. 달러 기준으로는 원금과 이자가 그대로이지만, 원화로 바꾸면 환율 변동이 투자 손익으로 반영되는 것입니다.

즉, 외화예금은 단순히 예금이라는 이름 때문에 안전하다고 생각하면 절대 안 되고, 환율에 따라 수익과 손실이 결정되는 투자상품으로

이해해야 해요. 달러, 유로 같은 외국 통화로 예금하는 구조이므로, 원화 가치 기준에서는 원금 손실도 발생할 수 있다는 점을 항상 기억하는 것이 중요합니다.

즉, **외화예금은 단순히 예금이 아니라, 포트폴리오에서 달러 자산을 운용하는 투자 수단이라고 이해하는 것이 안전합니다.**

외화예금보다 외화자산이 먼저라고요?

그렇다고 외화를 무조건 피해야 하는 건 아니에요. 오히려 장기적으로는 자산 포트폴리오에 외화자산을 일부 포함시키는 게 바람직해요. 특히 지금처럼 글로벌 경제가 서로 얽혀 있고, 투자 기회가 국내보다 해외에 더 많아지는 상황에서는 더 그렇죠.

예를 들어 미국 주식을 사는 것도 결국은 달러 자산을 보유하는 효과가 있어요. 즉, 외화예금보다는 외화자산 투자가 훨씬 더 의미 있는 접근이 될 수 있어요. 사회 초년생이라면, 외화예금은 후순위예요.

외화예금이 나쁘다는 건 아니에요. 하지만 사회 초년생이 재테크를 시작하는 초기 단계에서 외화예금에 큰 비중을 두는 건 추천하지 않아요. 우선순위는 이렇게 두는 것이 좋습니다.

1. 국내에서 안정적인 유동성 자산을 확보

2. 기본 투자 포트폴리오(주식, 펀드 등) 구축

3. 여유 자금이 생기면 외화자산으로 확대

미국 주식처럼 자연스럽게 외화자산을 접할 수 있는 통로부터 활용하는 게 리스크 관리와 수익 기회 모두에 현명한 전략입니다.

정리하면 다음과 같습니다.

- ✓ **외화예금 = 달러를 예금해 두는 구조**
- ✓ **수익은 환율 변동에 좌우, 환차손♣ 발생 가능**
- ✓ **원화 기준으로는 손실 가능, 절대 안전한 상품 아님**
- ✓ **외화자산 투자 접근이 더 현실적**
- ✓ **사회 초년생은 외화예금은 후순위 투자로 고려**

환차손: 환율 변동으로 인해 외화 자산의 가치가 줄어들거나 손실이 발생하는 것.

심화 대체투자 2

원자재 투자, 금

금융자산 말고도 투자할 수 있는 원자재

우리는 흔히 투자를 말할 때 주식이나 채권처럼 금융상품을 중심으로 생각하기 쉽습니다. 하지만 세상엔 다양한 투자 대상 자산이 있어요. 그 중 하나가 바로 금Gold을 포함한 원자재Commodity입니다.

특히 금은 안전자산의 대명사로 불립니다. 산업재로도 일부 사용되기도 하지만, 금은 귀금속입니다. 아마도 금의 가치는 사용 가치보다는 사람들이 인정하는 일종의 브랜드 가치로 보는 경우가 많아요.

금 중심의 원자재가 본격적으로 주목받기 시작한 것은 2000년대 초반입니다. 전 세계적으로 주가의 버블과 붕괴를 경험한 직후, 주식 자산과 다른 수익을 얻을 대상이 필요했기 때문이죠. 대체투자라는 명분으로 원자재와 **이머징마켓**♣에 대한 본격적 투자가 시작되었고, 금 가격도 큰 폭으로 상승했습니다.

원유, 천연가스, 곡물, 금속류 등 원자재는 원래 실물 자산이지만, 지금은 대부분 금융 상품처럼 상품화되어 ETF나 선물 등으로 간접투자가 가능해졌습니다.

주식시장이 불안할 때, 투자자들은 원자재, 특히 금과 같은 안전자산에 눈을 돌리게 됩니다. 그래서 금은 시장이 흔들릴 때 오히려 주목받는 자산이기도 합니다. 예를 들어 2024년부터 2025년 사이에는 금 가격이 급등하며 많은 투자자의 관심을 끌었습니다.

이머징마켓: 금융시장과 자본시장에서 빠르게 성장하고 있는 국가들의 신흥시장으로, 일반적으로 개발도상국 중에서 경제 성장률과 산업화가 빠르게 진행되고 있는 국가의 시장을 말한다.

원자재 가격과 거래 월물이 무엇인가요?

원자재에 투자할 때는 가격과 투자 수익 구조를 이해하는 것이 중요합니다. 원자재 가격은 주식이나 일반 상품의 거래가격과는 다르기 때문에, 그 차이를 알고 시작해야 해요.

우선 금이나 원유의 가격은 주식처럼 현재 사고파는 가격(현물가)보다는, 미래의 가격(선물가)이 중심이 됩니다. 예를 들어 뉴스에서 "국제 금값이 3,300달러를 돌파했다"고 할 때, 이는 실제 시장에서 금덩이를 주고받은 가격이 아니라, 한 달 뒤 인도할 금을 오늘 계약하는 가격, 즉 선물 가격을 의미합니다.

그리고 이 선물은 매달 만기가 오기 때문에, 금에 대해 장기투자를 하려면 반복적으로 거래월물을 교체해야 합니다. 예를 들어 6개월 투자 계획이 있는데 현재 시장에서 1월물이 거래되고 있다면, 만기가 되면 투자 상품을 1월물 ⋯→ 2월물 ⋯→ 3월물 ⋯→ ⋯ 순으로 계속 교체해야 합니다. 이 과정을 롤오버Roll-over라고 합니다.

월물을 교체할 때는 각 월물의 가격이 동일하지 않기 때문에, 시장 상황에 따라 이익이 될 수도, 손실이 발생할 수도 있습니다. 예를 들어 1월물을 100에 팔고 2월물을 99에 사면 이익이고, 101에 사면 손실이 되는 식이죠.

조금 더 복잡한 예를 들어보면, 원자재 가격이 실제로는 100에서 110으로 올랐다고 뉴스에 나오더라도, 투자자가 1월물을 100에 팔고 2월물을 105에 사고, 그 2월물을 105에 팔고 3월물을 110에 샀다면, 투자자는 수익을 전혀 얻지 못하게 됩니다.

- ✓ **1월물 100(첫 번째 매도) ⋯→ 2월물 105(두 번째 매수): 100-105=-5**
- ✓ **2월물 105(두 번째 매도): -5인 상태 유지**
- ✓ **3월물 110(세 번째 매수, 미실현 손익): -115**

즉, **월물 교체 과정에서 발생하는 비용과 가격 차이가 수익에 큰 영향을 준다는 점을 반드시 이해해야 합니다.**

금 투자의 수익률은 주가지수와 다른가요?

금에 투자할 때 투자자가 얻는 수익률은 주식이나 주가지수 투자와 다릅니다. 주식은 100에서 120으로 오르면 20% 상승하고, 수익은 20입니다. 하지만 금 가격이 100에서 120이 되어도 수익이 반드시 20이 되는 것이 아니라, 10이나 30이 될 수도 있습니다.

금을 포함한 원자재에 투자할 때 중요한 포인트 중 하나는 롤오버 과정에서 발생하는 비용입니다. 예를 들어, 1월물 금 선물 가격이 3,350달러이고, 2월물이 3,370달러라면 투자자는 3,350달러에 팔고 3,370달러에 사는 셈이 됩니다. 즉, 매달 20달러의 비용처럼 빠져나가는 구조가 되는 것이죠.

그래서 뉴스에서는 금값이 올라도, 내가 가입한 금 ETF나 인덱스 펀드의 수익은 오히려 손실이 나는 경우가 종종 발생합니다. 예를 들어, 내가 1월에 금 가격이 3,300달러일 때 투자했는데, 6개월 뒤 뉴스에서 금값이 3,350달러로 올랐다고 합시다. 하지만 롤오버 비용 때문에 실제 투자자는 손실을 볼 수도 있습니다. 즉, 금 가격이 3,300달러에서 3,350달러로 상승했더라도 투자자가 얻는 수익은 시장 상황과 선물 월물 교체 비용에 따라 달라집니다.

이 차이를 이해하지 못하면, "왜 금값은 오르는데 내 수익은 마이너스야?"라는 혼란이 생길 수 있습니다. 원자재 투자는 단순히 가격 상승만으로 판단할 수 없어요. 일반 투자자가 적극적으로 매수하는 원자재 시장에서는 월물 교체 비용 때문에 금 가격 상승에 비해 수익률이 낮은 경우가 흔합니다. 한국 투자자들은 원유 선물 투자에서 이미 여러 차례 경험한 사례가 있습니다.

금 투자에서 중요한 점은 단순히 "금값이 오를 것 같아"라는 생각만으로는 충분하지 않다는 것입니다. 이미 시장에서는 금값 상승 기대가 선물 가격에 반영되어 있는 경우가 많습니다.

예를 들어, 시장에서 1년 뒤 금값이 10% 오를 것으로 예상된다면, 선물 가격에는 이미 그 기대가 포함되어 있습니다. 투자자가 "금이 30% 오를 것 같다"라고 생각하고 투자하더라도, 실제 수익은 시장 예상치와 비교해 초과 수익이 나는 구조여야 합니다.

즉, 금 투자는 단순한 기대가 아니라 시장을 보다 더 정확하고 깊이 있게 예상할 수 있어야 가능한 투자입니다. 앞서 설명한 월물 교체와 선물 가격 구조를 이해하지 못하면 금 투자에서 원하는 수익을 얻기 어렵습니다.

금값은 왜 오르거나 내릴까요?

금의 가격은 단순히 수요와 공급만으로 결정되지 않습니다. 법정화폐의 신뢰, 중앙은행의 통화정책, 인플레이션 우려, 금리에 대한 전망, 환율, 지정학적 리스크 등 여러 요소가 복합적으로 영향을 줍니다.

- ✓ **달러 가치가 하락하면 금값은 보통 상승함**
- ✓ **금리가 오르면 금은 이자를 주지 않는 자산이기 때문에 인기가 떨어질 수 있음**

✓ 전쟁이나 정치 불안 같은 불확실성이 커지면 금은 '피난처 자산'으로 주목받기도 함

즉, 금 가격은 경제 흐름과 심리에 민감하게 반응합니다. 사회 초년생이 단기 수익만을 보고 진입했다가 시장 구조를 이해하지 못한 채 손실을 볼 가능성이 적지 않아요.

금 투자, 나에게 맞을까요?

금은 주식처럼 큰 폭의 수익을 기대하는 자산은 아닙니다. 대신 시장이 불안할 때 방어 수단으로, 인플레이션 상황에서 가치 저장 수단으로, 포트폴리오에서 변동성을 낮추는 안전 장치로 활용되는 경우가 많습니다.

사회 초년생이 금에 투자할 때는 '금값이 오를까?'보다도 '내 자산에 금이 왜 필요한가?'를 먼저 고민해봐야 해요.

◎ "나는 주식 비중이 많아서 안전 자산에 일부 편입하고 싶다."

◎ "물가 상승 우려가 클 것 같아서 대비하고 싶다."

이런 맥락이라면 금은 좋은 선택이 될 수 있습니다.

대체투자 ③
소액으로 부동산에 투자하는 리츠

부동산 투자, 이제 큰 돈 없어도 가능하다고요?

지난 수십 년 동안 우리나라에서 가장 안정적으로 자산이 불어난 분야를 꼽으라면, 대부분이 부동산이라고 답할 거예요. 실제로 부동산은 자산 가치의 상승과 임대소득이라는 두 가지 수익원을 동시에 가질 수 있어서, 많은 사람이 선호해왔죠.

하지만 누구나 부동산에 투자할 수 있었던 건 아니었습니다. 매입에 필요한 거액의 자금, 그리고 복잡한 절차와 세금, 그리고 관리 리스크는 사회 초년생이나 소액 투자자에게 너무 높은 진입장벽이었죠. 그래서 금융시장은 '소액으로 부동산에 투자할 수 있는 방법'을 만들었고, 그 대표적인 수단이 바로 리츠REITs입니다.

리츠REITs, Real Estate Investment Trusts는 우리말로 부동산투자신탁이라고 합

니다. 쉽게 말해, 여러 투자자들이 돈을 모아 부동산을 사고, 거기서 나오는 임대료나 매각 차익을 나눠 갖는 구조예요. 부동산을 쪼개서 나눠 가진다고 생각하면 쉬워요.

이걸 펀드처럼 만든 뒤, 증권시장에 상장해서 주식처럼 사고팔 수 있게 만든 상품이 바로 리츠입니다. 이 구조 덕분에 이제는 몇만 원, 몇십만 원만 있어도 호텔, 오피스, 물류센터 같은 대형 부동산에 간접적으로 투자할 수 있게 되었죠.

리츠의 수익원은 무엇인가요?

부동산에서 얻을 수 있는 수익은 크게 세 가지입니다. 첫째, 부동산을 사고팔면서 생기는 시세 차익, 둘째, 월세처럼 정기적으로 들어오는 임대 수익, 셋째, 개발을 통해 새로운 가치를 창출하는 개발이익입니다.

리츠도 이 세 가지를 기반으로 운영됩니다. 다만, 대부분의 리츠는 임대 수익 기반의 안정적인 현금흐름 확보를 1차 목표로 삼아요. 그래서 자산운용사들은 안정적인 임대료를 받을 수 있는 건물(예: 대기업 사옥, 물류창고 등)에 투자하는 경우가 많습니다.

물론 리츠 중에는 개발형 리츠나 호텔, 리조트 등 더 높은 수익을 노리는 상품도 있지만, 그만큼 리스크도 크기 때문에 자신의 투자 성향을 꼭 체크하고 선택해야 합니다.

부동산 경기에 영향을 받는다고요?

리츠는 부동산에 투자하는 금융상품이에요. 따라서 아무리 구조가 안정적으로 설계되어 있더라도, 부동산 경기가 나빠지면 리츠 수익률도 영향을 받을 수밖에 없습니다. 예를 들어 코로나19 이후 재택근무가 확산되면서 서울 도심의 오피스 수요가 줄었을 때, 사무실 중심 리츠들의 주가와 배당도 크게 흔들렸습니다. 반대로 **이커머스♣**가 성장하면서 물류센터에 투자한 리츠는 오히려 주목받기도 했죠.

또한 지역 주택 수요가 감소하거나 개발 지연, 임차인 이탈 같은 부동산 관련 리스크가 발생하면 리츠도 타격을 입을 수 있습니다. 즉, 리츠라고 해서 절대 안전한 상품은 아니라는 점을 명확히 이해해야 합니다.

이커머스: 전자상거래 electronic commerce의 약자로 온라인 네트워크를 통해 상품과 서비스를 사고파는 것.

리츠의 장점과 활용법

리츠의 가장 큰 장점은 부동산이라는 자산에 적은 금액으로 접근할 수 있다는 것입니다. 또한 상장된 리츠는 주식처럼 자유롭게 거래가 가능하고, 배당수익률이 높은 경우에는 정기적인 현금흐름도 기대할 수 있죠.

그래서 사회 초년생이 자산 포트폴리오에 부동산 비중을 넣고 싶을 때, 리츠는 좋은 선택지가 될 수 있어요.

단, 앞서 말한 것처럼 리츠마다 투자 방식이 다르고, 부동산 시장의 흐름에도 영향을 받기 때문에 무턱대고 투자하기보다는 리츠가 투자하는 자산의 성격을 꼭 확인해봐야 합니다.

리츠도 결국 대체투자의 하나

요즘처럼 금리가 오르고, 자산 시장의 변동성이 큰 시대엔 주식이나 채권만으로는 수익 구조가 불안정할 수 있어요. 그래서 리츠처럼 대체투자 성격의 상품들이 자산관리에서 더 중요해지고 있습니다.

리츠는 복잡해 보일 수 있지만, 핵심은 단순합니다. "여럿이서 돈을 모아 부동산에 투자하고, 거기서 생긴 수익을 나눠 갖는다." 다만, 그 수익이 어디서 어떻게 발생하는지, 부동산의 위치, 업종, 수요에 따라 투자의 성과가 달라진다는 점만 기억하면 됩니다.

조금 더 알아보기

거시 경제와 미시 경제, 그리고 투자 지표 활용법

투자를 하다 보면 흔히 거시 경제Macro와 미시 경제Micro라는 용어를 접하게 됩니다. 간단히 말하면, 경제를 보는 시야의 범위가 다르다고 이해하면 쉬워요.

거시 경제는 나라 전체, 혹은 세계 경제처럼 큰 흐름을 보는 시각이에요. 예를 들어 GDP 성장률, 실업률, 물가 상승률(인플레이션), 금리, 환율, 국제유가 같은 지표가 여기에 속합니다. 거시 경제를 이해하면 "지금 경제가 성장하는 중인지, 침체하는 중인지" 큰 그림을 볼 수 있고, 그에 맞춰 투자 비중과 전략을 조정할 수 있어요.

반면 미시 경제는 개별 기업이나 산업을 중심으로 보는 시각입니다. 회사의 매출, 영업이익, 부채비율, 신제품 출시, 시장 점유율 같은 데이터를 살펴보는 것이죠. 미시 경제 분석을 통해 "이 기업이 성장할 수 있을까?" 혹은 "이 산업이 앞으로 뜰까?" 같은 판단을 할 수 있습니다.

그렇다면 이런 정보는 어디서 얻을 수 있을까요?

거시 경제 지표

- **한국은행 경제통계시스템ECOS**: 금리, 물가, GDP 등 국가 공식 통계
- **통계청**: 산업별 고용, 생산, 소비 관련 지표
- **금융감독원, KDI, IMF, OECD**: 세계 경제 및 한국 경제 전망

미시 경제 지표

- **증권사 리포트**: 각 기업의 재무 상태, 실적 전망, 산업 분석
- **전자공시시스템DART**: 상장기업의 재무제표, 사업보고서, 공시 자료

- **뉴스, 산업 분석 보고서:** 최신 시장 트렌드, 기술 변화, 신제품 정보

투자를 시작할 때 꼭 모든 지표를 한꺼번에 파악할 필요는 없습니다. 처음엔 거시 경제로 큰 흐름을 이해하고, 투자하려는 기업이나 ETF를 정했다면 그때 미시 경제 지표를 보조적으로 확인하는 정도로도 충분합니다.

핵심은 지표를 통해 불필요하게 조급해지지 않고, 나만의 속도로 투자 결정을 내리는 힘을 기르는 것이에요. 거시와 미시를 모두 참고하며, 내가 감당할 수 있는 범위에서 투자 전략을 세우는 것이 가장 현명한 방법입니다.

CHAPTER 03

투자를 시작합니다!

주식과 암호자산에 대하여

시장은 절대 확실하지 않다.
오직 확률만 있을 뿐이다.

✦조지 소로스✦

주식은 언제든 손실이 날 수 있다고요?

주식은 사회 초년생이 가장 먼저 접하게 되는 투자 수단 중 하나예요. 스마트폰만 있으면 언제든 계좌를 만들고 사고팔 수 있으니 접근성도 높죠. 하지만 여기서 중요한 점이 있습니다. 주식은 단순히 사고파는 거래가 아니라, 내 돈이 실제로 손해를 볼 수 있는 투자성 자산이라는 사실이에요.

예를 들어 10만 원, 50만 원도 사회 초년생에게는 큰 돈입니다. 준비 없이 주식 시장에 뛰어들었다가 가격이 내려가면 원금 손실을 경험할 수 있고, 그 과정에서 '투자는 나랑 안 맞아'라는 생각이 들 수도 있어요. 더 위험한 건, 손실을 만회하려다 더 큰 금액을 잃는 경우입니다.

특히 가격 변동이 심한 암호자산이나 코인 같은 경우에 준비 없이 접근했다가는 회복이 어려운 손실을 겪을 수 있으므로 각별히 주의해야 합니다.

결론적으로 **주식 투자를 시작하기 전, 언제든 손실이 날 수 있다는 점을 명확히 인식하고, 적은 금액부터 경험하며 배우는 것이 중요합니다.**

선택지는 다양하지만, 중요한 건 나의 준비

요즘은 코스피나 코스닥 같은 국내 시장은 물론이고, 미국 주식, 유럽 주식, 심지어 비상장 주식까지 앱 하나로 매매가 가능한 시대예요. 즉, 투자 대상 자체는 넘칠 만큼 많아요. 그런데 이런 상황일수록 더 중요한 건 "나는 과연 투자할 준비가 되어 있나?"라는 질문입니다.

투자를 시작하기 전에 다음과 같은 점들을 점검해보세요.

✓ 나는 투자할 준비가 되었는가?

단순히 돈이 있는지가 아니라, 손실이 발생해도 감당할 마음의 준비가 되어 있는지를 확인해야 합니다.

✓ 나는 어떤 방식으로 투자할 것인가?

예를 들어, 50%는 장기 보유(포트폴리오용), 50%는 단기매매(트레이딩용)처럼 자신의 투자 스타일을 미리 그려보는 것이 좋아요.

✓ **나는 한국 주식을 살 것인가, 미국 주식을 살 것인가?**

시차, 환율, 정보 접근성 등도 고려해야 합니다. 해외 주식은 장점이 많지만, 국내 주식과는 운영 방식이나 세금, 계좌 관리 측면에서 차이가 있으니까요.

즉, 계좌를 만들기 전에 내가 감당할 수 있는 범위와 투자 방식을 점검하는 것이 훨씬 중요합니다. 준비가 덜 되었더라도, 평균 투자, 적립식으로 꾸준히 모아가는 투자는 언제든 가능합니다. 반대로 지인의 추천이나 유튜브 정보를 듣고, 준비 없이 특정 종목을 사고파는 것은 위험할 수 있다는 점도 명심하세요.

주식 투자할 때 지켜야 할 게 있어요!

주식 투자에 있어 가장 경계해야 할 마음가짐은 "이걸로 빨리 부자돼야지!" 하는 조급함입니다. 예를 들어, 매일 아침부터 밤늦게까지 일해서 월급이 250만 원인데, 주식으로는 일주일 만에 250만 원을 벌 수도, 잃을 수도 있어요. 여기에 레버리지, 즉 빚을 내서 투자하면 그 손익 규모는 더 커지죠.

그러다 보면 나도 모르게 내 노동의 가치가 작아 보이고, 투자에 올인하고 싶은 마음이 들기도 합니다. 하지만 그건 위험한 접근이에요. 사회 초년생은 대부분 투자금이 크지 않기 때문에, 소득을 바탕으로 자산을 천천히 축적하는 시기예요.

100만 원 규모의 주식을 운용하며 온종일 들여다보느라 본업에 집중하지 못한다면, 이는 시간과 감정을 지나치게 소모하는 셈입니다. 수익보다 더 중요한 건, 장기적으로 나의 시간과 감정을 지키는 것입니다.

장기투자는 타이밍보다는 전략이 더 중요해요

많은 사람이 주식으로 돈을 벌고 싶어 하죠. 그래서 매일 뉴스도 보고, 차트도 분석하며 열심히 공부합니다. 그런데 아이러니하게도 진짜 수익을 얻을 기회는 보통 '공포'가 시장을 지배할 때 찾아옵니다. 예를 들어 시장이 급락해서 뉴스와 유튜브에 "경제 위기", "하락장 공포"라는 말이 넘쳐날 때가 그렇습니다.

왜냐하면 시장은 사이클이 있기 때문이에요. 모두가 죽겠다고 할 때가 바닥일 가능성이 크고, 모두가 흥분할 때 고점일 수 있어요.

사회 초년생이라면, 이 점을 꼭 기억해야 합니다. "지금 손해 본 종목을 팔아야 할까?"를 고민하는 상황이 발생한다면, 이미 들어간 투자는 기회를 놓쳤거나 타이밍이 어긋난 것일 수 있습니다. 반대로, 아무것도 없는 상태에서 시장이 하락했을 때 침착하게 신규 자금을 투입할 수 있다면, 그만큼 큰 기회를 잡을 가능성도 높아집니다.

신용은 언제 사용해야 할까요?

투자를 하면서 신용(마이너스 통장, 신용대출 등)을 활용할 것인가에 대해 한 번쯤은 고민하게 됩니다.

레버리지는 수익률을 높일 수 있지만, 동시에 손실도 그만큼 커질 수 있습니다. 그래서 중요한 건 기회가 올 때만 신용을 활용하는 비연속 전략을 세우는 것입니다. 즉, 평소에는 레버리지를 쓰지 않고 현금 비중을 유지하다가, 확신이 있는 기회에만 과감하게 신용을 활용하는 방식입니다.

물론 이때도 이자 부담, 원금 상환 계획 등은 철저히 점검돼 있어야 합니다. 준비 없는 레버리지는 단기 시장 **변동성**♣에 무너질 가능성이 크기 때문입니다. 시장은 언제나, 준비하지 않은 투자자에게 가장 큰 대가를 요구합니다.

변동성volatility: 움직이는(변동하는) 성질을 뜻하는 용어로, 주식시장 등 자산시장에서는 상품의 가격이 변동하는 정도.

주식계좌 개설

투자의 첫 단추

주식 투자 계좌는 어떻게 개설하나요?

요즘 주식계좌 개설은 정말 간단합니다. 스마트폰에 어플을 설치하고, 본인 인증과 입출금 계좌를 연결한 뒤 비밀번호만 설정하면 끝입니다.

실제로 사회 초년생 중에는 "계좌는 이미 만들어 놨어요"라고 말하는 사람이 많습니다. 그만큼 접근성이 높아졌죠. HTS(홈 트레이딩 시스템), MTS(모바일 트레이딩 시스템) 덕분에 누구나 스마트폰 하나로 주식을 시작할 수 있는 시대니까요.

그런데 여기서 한 번, 이런 질문을 던져볼 필요가 있습니다.

'쉽게 할 수 있다는 것'이 과연 '잘하고 있는 것'일까요?

증권사 지점을 방문하라고요?

당장 주식을 시작하고 싶어서 인터넷 검색 몇 번 하고 계좌를 만들 수 있어요. 하지만 저는 오히려 "증권사 지점을 한 번쯤 직접 방문해 볼 것"을 권하고 싶습니다.

물론 요즘엔 증권사 지점도 줄어들었고, 실제로 방문해도 "모바일로 하면 더 빨리 처리됩니다"라는 안내를 받을지도 몰라요. 그럼에도 불구하고, 처음 시작할 때만큼은, 시간을 들여 '무엇을 하는지, 어떤 구조인지'를 직접 눈으로 확인해보는 것이 의미 있습니다.

앞으로 10년, 20년 이상 주식 투자와 함께 살아가야 한다면, 그 첫 걸음을 단 5분 만에 스마트폰 앱으로 툭 치고 시작하는 것보다, 한 번쯤은 느리게 시작하는 자세가 더 중요할 수 있습니다. 헬스도 그렇잖아요. 집에서 맨손 운동을 할 수 있지만, 우리는 헬스장에 등록하고, 때로는 돈을 내고 PT까지 받습니다. 투자도 마찬가지입니다.

주식 투자에서도 필요한 임장?

실제로 지점을 방문한다고 해서 특별한 정보를 얻거나 투자 비법을 들을 수 있는 건 아닙니다. 하지만 그 공간에는 책이나 영상으로는 전달되지 않은 '현장의 감각'이 존재합니다.

직원의 응대 방식, 브로셔에 담긴 상품 소개, 텅 빈 대기석과 드문드문 앉아 있는 투자자들의 모습까지. 이런 요소들이 말 없이도 많은 것을 느끼게 해줍니다.

예를 들어, 이런 질문이 떠오를 수도 있죠.

"지점엔 왜 이렇게 사람이 없을까?"

"왜 증권사 직원들은 펀드나 ELS♣ 같은 상품 설명을 더 많이 할까?"

ELS Equity Linked Securities: 개별 주식의 가격이나 주가지수와 연계되어 수익률이 결정되는 파생상품.

그 과정에서 자연스럽게 알게 됩니다. 주식 투자는 생각보다 거창하지 않고, 일상적인 금융 활동의 일부라는 사실을요.

특히 사회 초년생이라면, 지점 방문은 '내가 지금 뭔가 중요한 걸 시작하고 있구나'라는 긴장감과 함께, 앞으로의 자산관리에 대한 태도를 바꾸는 계기가 될 수도 있습니다.

첫 증권사 방문 기억

저는 1980년대 후반, 대학생 시절 과외비로 모은 돈으로 주식 투자를 시작했습니다. 당시에는 인터넷도 없고, 모든 거래를 증권사 창구에서 종이로 직접 접수해야 했어요. 사람들은 '상한가에 사고, 하한가에 판다'는 전설 같은 주문을 실제로 하기도 했고요.

그 당시 대학생이었던 제게 증권사 지점은 완전히 다른 세계처럼 느껴졌습니다. 긴장되었지만, 동시에 '내가 지금 뭔가 중요한 일을 하고 있구나' 하는 감각이 있었어요.

지금 돌이켜보면, 그 첫 경험이 제 투자 태도를 오랫동안 지탱해준 밑거름이 되었던 것 같습니다.

투자금 입금

돈의 존재감을 느끼고 시작해요

현금 500만 원, 실제로 손에 쥐어봤나요?

5만 원짜리 지폐 100장이면 500만 원이에요. 생각보다 두껍고, 꽤 묵직합니다. 그 돈을 지갑에 넣고 지하철을 한 번 타보세요. 괜히 조심하게 되고, 혹시라도 떨어뜨릴까 봐 긴장되기도 할 겁니다. 이런 감정이 바로 돈의 존재감이에요.

내가 얼마나 노력해서 모은 돈인지, 그 무게를 손으로 느끼는 순간, 그 돈을 어떻게 쓸지에 대한 생각도 달라집니다. 만약 증권사 지점에 가게 된다면, 그 돈을 직원 앞에 꺼내 놓고 이렇게 말해보세요.

"이 돈으로 저는 이제 투자를 시작해보려고 해요."

그 순간, 투자에 임하는 마음가짐이 이전과는 확실히 달라질 거예요. 돈이 손에서 멀어질수록, 감각도 무뎌집니다. 요즘은 카드 하나,

혹은 스마트폰에 터치 한 번만으로도 결제가 끝나죠. 며칠 전, 카페에서 커피 두 잔을 사고 나오면서 '얼마였더라?' 하고 기억이 잘 나지 않았던 경험 있나요?

그만큼 돈을 직접 느끼지 못하면, 우리는 점점 무감각해지고, 그 상태로 투자에 들어가면 투자도 그냥 지출처럼 느껴질 수 있어요.

현금을 직접 손에 쥐는 행동은, 내가 가진 돈의 실제 크기와 가치를 다시 깨닫게 해줍니다. 그 인식이 바로, 건강한 투자 마인드의 출발점이 될 수 있어요.

단순한 입금이 아니라, 나를 점검하는 작은 의식으로 생각합시다. 요즘은 증권사 지점에서 현금 입금이 불편할 수 있어요. 괜찮습니다. 그 돈을 한 번 ATM에서 꺼내어 직접 눈으로 보고, 손으로 만지고, 경우에 따라서는 다시 은행 앱으로 이체하더라도 좋아요.

중요한 건, 그 돈이 숫자가 아니라 현실이라는 걸 몸으로 느끼는 경험이에요. 투자는 결국 내 돈이 어떤 흐름 속으로 들어가는 걸 감당하는 일이니까요. 그리고 그 흐름이 어디로 갈지, 그 결과가 어떨지는 아무도 몰라요.

그래서 출발선에 서기 전에, 이 돈의 의미를 한 번은 진심으로 되새기는 시간이 필요합니다. 저는 지금도 강의를 하고 강의료를 받으면 현금인출기에서 인출합니다. 아이들에게도 계좌이체를 하지 않고 현금으로 용돈을 줍니다. 현금을 눈으로 보고, 손으로 만지는 경험은 반드시 필요하니까요.

100만 원 주식 살 때 필요한 돈

증거금 혹은 계약금 구조

주문할 때와 결제할 때 얼마나 필요한가요?

처음 주식을 시작하면 이런 생각이 들 수 있어요.

"이 주식이 100만 원이니까 계좌에 100만 원만 있어도 되겠지?"

하지만 위탁계좌에 40만 원만 있어도 100만 원 규모의 주식을 주문할 수 있습니다. 이게 가능한 이유는 바로 증거금 제도 덕분이에요.

물론, 주식을 실제로 매입할 때는 결제일인 2일 뒤까지 100만 원이 계좌에 있어야 합니다. 즉, 주식 주문 시에는 40만 원만 필요하고, 결제 시점에는 100만 원 전체가 필요하다는 뜻입니다. 선물옵션 등 파생상품은 조금 더 복잡한 구조를 가지고 있어요.

주식 투자에서 증거금이란, 전체 거래 금액 중 일부를 일단 맡겨두는 돈입니다. 마치 부동산 거래에서 계약금을 걸고 약속한 뒤 나중에

잔금을 치르는 것과 비슷하죠.

하지만 증거금 제도가 있다고 무조건 활용하는 것은 주의해야 해요. 그리고 증거금과 위탁금 내 현금 비중을 혼동해서도 안 됩니다. 예를 들어, 내 계좌에 500만 원이 있으면 그중 300만 원 정도만 먼저 매수에 사용하고, 나머지는 여유 자금으로 남겨두는 방식이 좋습니다. 이 여유 자금은 내 계좌의 체력이 되어 좋은 기회가 왔을 때 다시 뛰어들 수 있는 기동력이 되어줍니다. 혹시라도 계좌에 500만 원 있으니 1,250만 원어치 매입하고 2일 안에 750만 원 이상 매도하는 것은 굉장히 위험한 생각입니다.

주식을 매도하면 바로 매도 대금을 이용해 매수가 가능하지만, 관리 종목 등 일부 종목은 증거금을 100% 요구하기도 합니다.

사회 초년생에게 중요한 것은 이런 제도를 무리하게 사용하지 않는 것이에요. 준비된 자금 내에서 안전하게 매매하는 것으로 주식 투자를 시작하는 게 바람직합니다.

예탁금과 증거금, 무엇이 다른가요?

여기서 한 가지 개념을 더 정리해볼게요. 많은 사람이 헷갈리는 단어, 바로 예탁금입니다. 예탁금은 간단히 말해, 내가 증권사에 맡겨놓은 돈 전체를 뜻해요. 반면, 증거금은 그중 일부로, 주식을 사거나 파생상품 거래를 시작할 때 거래 보증금처럼 사용하는 돈이에요.

사회 초년생이라면 예탁금의 일부는 항상 현금으로 남겨두는 것을 추천합니다. 왜냐하면 모든 돈을 한꺼번에 투자해버리면, 갑자기 시장에 좋은 기회가 찾아와도 아무것도 하지 못하고 바라만 보게 될 수 있기 때문이에요. "현금은 기회의 씨앗"이라는 말, 꼭 기억해두세요.

【심화】 금 선물 투자, 증거금이 왜 중요할까요?

이제 주식보다 한 단계 더 깊은 영역으로 들어가 볼게요. 조금 복잡할 수 있지만, 파생상품인 선물투자에 관심이 있다면 꼭 알아둘 개념이에요. 바로, 증거금이 본격적으로 활용되는 영역이죠.

예를 들어 '금 선물'에 투자한다고 가정해 볼게요. 금 선물 1계약의 명목금액은 무려 약 5억 6,000만 원이에요. "에이, 그럼 우리 같은 사람은 할 수 없겠네?" 싶을 수도 있지만, 꼭 그렇진 않아요. 금 선물 Original은 증거금으로 3,000~4,000만 원이 필요하지만 규모가 1/10인 마이크로선물을 이용하면 필요한 증거금은 300~400만 원 정도로도 투자가 가능해요. 이렇게 소액으로 큰 자산에 투자할 수 있게 해주는 제도가 바로 증거금이에요.

하지만 위험도 그만큼 커집니다. 예를 들어, 4억 3,000만 원짜리 자산이 1%만 움직여도 560만 원의 손익이 생깁니다. 게다가 계좌에 자금이 부족한 상태에서 반대로 움직이면 마진콜Margin Call이 발생하고, 대응하지 못하면 강제청산이 이뤄지면서 손실이 확정돼요.

반드시 기억해야 할 것은, **수익과 손실은 증거금 기준이 아니라 전체 명목금액 기준으로 계산해야 합니다.**

결국, 증거금 제도는 양날의 검이에요. 적은 돈으로 효율적인 투자를 할 기회가 될 수도 있고, 큰 금액이 움직이는 위험한 게임판이 될 수도 있어요.

【심화】 파생상품과 관련된 용어를 알아보아요!

파생상품과 관련한 증거금 용어들이 있어요. 파생상품 투자에 관심이 있다면 꼭 알아야 합니다. 주식 투자자라면 참고용으로 알아두어도 괜찮아요.

✓ **일일정산**Daily Settlement

매일 장 마감 후, 그날의 수익이나 손실을 반영해 계좌를 자동으로 정산하는 제도예요. 수익이 나면 예탁금이 늘고, 손실이 나면 줄어들어요.

✓ **마진콜**Margin Call

계좌의 잔고가 너무 줄어들면, 증권사에서 "추가로 증거금을 더 넣으세요"라고 요구하는 상황이에요. 이걸 무시하면 다음 단계로 넘어가요.

✓ **강제청산**Forced Liquidation

마진콜 요구에 응하지 않으면, 증권사는 손실을 더 키우지 않기 위해 보유 중인 포지션을 강제로 정리해버립니다. 투자자의 의지와 관계없이 강제로 손절매가 실행되는 것이죠.

정리하면 다음과 같아요.

✓ 증거금은 적은 돈으로 큰 거래를 가능하게 하는 투자 수단

✓ 하지만 그만큼 수익도, 손실도 명목금액 기준으로 일어남(위험도 커진다는 의미!)

✓ 초보자라면 마이크로 상품 등 낮은 리스크 상품부터 경험하는 게 안전

✓ 예탁금의 일정 부분을 항상 현금으로 남겨두면 기회가 왔을 때 대응 가능

주식 거래시간의 확대

데이마켓, 프리마켓

주식도 영업시간이 있나요?

주식을 사고파는 증권거래소도 관공서처럼 정해진 '영업시간'이 있어요. 흔히 말하는 정규장은 한국 주식시장 기준으로 오전 9시부터 오후 3시 30분까지입니다. 이 시간 동안에만 실시간으로 주식을 매수하거나 매도할 수 있어요.

그렇다면, 오후 3시 30분 이후에는 거래가 완전히 끝나는 걸까요? 그렇지 않아요. 요즘은 사람들의 라이프스타일과 투자 수요에 맞춰, 거래 가능한 시간대가 점점 넓어지는 추세예요. 그 대표적인 예가 프리마켓Pre-Market, 애프터마켓After-Market 같은 **시간외 거래**♣ 제도입니다.

시간외거래: 폐장시간 이후의 거래. 이는 흔히 폐장 이후에 이루어지는 장외시장 등록 종목의 거래를 일컫는 데 사용된다.

왜 이런 제도가 생겼을까요?

간단히 말하면, 시장 참여자들의 "24시간 언제든지 거래하고 싶다"는 수요 때문이에요. 특히 글로벌 투자자들, 직장인 투자자들, 그리고 시차가 있는 해외 주식에 투자하는 사람들에겐 아주 유용하죠.

예를 들어 미국 주식시장은 한국 시간으로 밤 11시 30분(서머타임 기준 밤 10시 30분)에 시작해서 새벽까지 거래돼요.

그런데 프리마켓은 정규장보다 훨씬 이른 아침 5시부터 열립니다. 반대로 정규장이 끝난 후에는 애프터마켓을 통해 오후 6시까지 추가 거래가 가능하죠.

이 제도를 활용하면, 미국 주식을 거래하는 한국 투자자들이 퇴근 후 저녁 시간에도 부담 없이 시장에 참여할 수 있어요.

정규장만 해도 충분하지 않을까요?

그렇다면, 굳이 프리마켓이나 애프터마켓까지 알아야 할까요? 대부분의 초보 투자자라면 정규장만 알아도 충분합니다. 특히 장기 투자를 목표로 한다면, 시간 외 거래는 꼭 필요하지 않을 수 있어요.

왜냐하면, 시간 외 거래는 유동성이 낮고, 가격 변동성이 크며, 거래가 원하는 가격에 체결되지 않을 수 있는 위험이 있기 때문이에요. 즉, 거래는 가능하지만 가격이 휘청이거나 체결이 안 되는 경우가 많아요.

또 한 가지 기억해야 할 건, 한국 주식시장에서는 이런 시간 외 거래가 제한적이라는 거예요. 특정 조건에서만 가능하고, 시장 안정성을 위해 일시적으로 제한되기도 합니다.

예를 들어보죠. 김지혜 씨는 미국의 테슬라 주식을 10주 보유하고 있어요. 그런데 새벽에 테슬라 CEO가 깜짝 인수 발표를 했고, 해외 뉴스에서는 주가가 급등할 거라는 기사가 쏟아졌어요. 김지혜 씨는 "지금이라도 팔아야 할까?" 고민하면서 프리마켓에 들어가지만, 거래량은 적고, 호가 차이가 크고, 체결도 예상보다 낮은 가격에 될 가능성이 있어요.

이럴 때는 판단이 매우 중요하죠. 잘못하면 성급하게 팔아서 오히려 수익을 놓칠 수도 있고, 또는 변동성에 휩쓸려 예상치 못한 손실을 입을 수도 있어요.

결국 **중요한 건 거래 가능 시간이 아니라 투자의 방향이예요.** 요즘은 거래 시간이 늘어나 밤낮없이 투자할 수 있지만, 성과가 더 자주 거래한 사람에게 돌아가는 건 아니에요. **무엇을 사고, 언제 사고, 얼마나 보유할지에 대한 기본적인 전략과 기준이 없다면 오히려 너무 많은 정보에 휘둘려 엉뚱한 결정을 하게 될 수 있습니다.**

투자 규모

감당 가능한 손실 규모가 기준

투자는 수익보다 손실 감당력부터 따지라고요?

"얼마부터 시작해야 하죠?"

처음 투자를 시작할 때 가장 많이 하는 질문이에요. 그런데 이 질문에 대한 답은 '얼마를 벌 수 있을까?'가 아니라, '얼마까지 잃어도 괜찮을까?'에서 출발해야 합니다.

투자라는 건 본질적으로 손실 가능성이 있는 행동이에요. 그리고 감당할 수 없는 손실은 투자가 아니라 무모한 도박이 될 수 있어요. 아직 자산이 많지 않은 사회 초년생이라면, 스스로에게 이런 질문을 해보세요.

"내가 이 돈을 잃었을 때 감정적으로 무너지지 않을 수 있을까?"

"손실이 나도 다음 달 생활비는 괜찮을까?"

첫 투자는 3개월치 월급에서 시작하라고요?

그럼 구체적으로 얼마부터 시작하는 게 좋을까요? **첫 투자는 3개월치 월급 이내로 시작하세요!** 예를 들어, 월급이 250만 원이라면 약 700~800만 원 정도가 적당해요. 그중 일부는 주가지수 ETF에 분산 투자하고, 나머지는 암호자산이나 개별 종목에 나누어 투자하면 좋아요.

3개월치 월급으로 시작하면, 만약 30% 손실이 나도 한 달 월급 수준이라 감당할 수 있는 범위입니다. 이 정도 손실은 타격이 있지만 감정적으로 무너지지 않을 수 있어요. 그리고 1년 정도 직접 투자 경험을 쌓은 뒤에 필요에 따라 투자 금액을 연봉 수준까지 늘려가는 게 바람직합니다.

김지혜 씨 같은 사회 초년생은 월세에 대출 등 현실적 부담 때문에 3개월치 월급은 부담이 될 수 있어요. 하지만 이 숫자는 최대 시작 규모로 생각하고, 처음에는 50만 원, 100만 원부터 시작해도 충분해요.

특히 미국 주식은 수십만 원씩 하는 종목들이 많잖아요. 그런데 다행히 이런 종목들은 소수점 거래가 가능해 0.1주, 0.2주 단위로 매입할 수 있어요. 비트코인도 1개에 1억 6,000만 원이나 하지만 3만 원어치 소액 투자도 가능하죠.

여기서 중요한 점은 투자할 때 보유 수량보다 보유 종목이 더 중요해요. 절대 하면 안 되는 실수는, 0.2주 대신 20주를 보유하려고 좋은 종목을 포기하고, 위험하거나 부실한 종목을 매입하는 경우입니다. 비트코인, 이더리움 같은 신뢰할 만한 암호자산이 아니라 들어본 적도 없는 코인을 무작정 사는 바보 같은 투자만큼은 피해야 합니다.

어떤 투자자가 되고 싶나요?

처음엔 누구나 “나만 잘하면 되지”라고 생각해요. 상승장에선 빨리 사야 할 것 같고, 하락장에선 지금이 기회처럼 느껴지죠. 하지만 2년 정도 지나면 깨닫게 됩니다.

“아, 이건 단지 실력 문제가 아니구나. 운도 있고, 타이밍도 있고, 기회도 반복되는구나.”

그때가 되면 비로소 ‘나에게 적절한 투자 규모가 얼마인지’, ‘나는 자산을 어떻게 관리하는 사람이 될 것인지’ 스스로 알 수 있어요. 주식 투자도 마찬가지예요. 3년 차쯤 되면 매매보다 포트폴리오와 분산 투자, 즉 전체 자산관리의 관점으로 옮겨가게 됩니다.

기억하세요. **투자는 마라톤입니다. 조급함은 독이고, 기다림은 전략입니다. 시장은 늘 반복되고, 좋은 기회는 다시 오기 때문이에요.** 따라서 중요한 건 조금 늦더라도, 감당 가능한 규모로 시작하는 것, 꾸준히, 천천히 자산을 모아가는 습관을 만드는 것이에요.

그리고 그 과정에서 꼭 기억해야 할 질문은, **“나는 어떤 투자자가 되고 싶은가?”** 이 질문을 스스로에게 계속 던지세요. 지금 시작한 이 한 걸음이 10년 후의 나를 완전히 바꿔놓을 수 있으니까요.

종목 수는 성공한 음식점의 메뉴판처럼 단순하게

메뉴가 많은 음식점일수록, 실패할 확률이 높지요. 진짜 맛집은, 메뉴가 단 1~2개인 경우가 많아요. 주식도 같아요. 종목은 2~3개 정도면 충분해요. 예를 들어, 테슬라, 애플, 엔비디아처럼 내가 잘 알고 확신할 수 있는 정도의 소수 종목이면 충분해요.

암호자산도 마찬가지예요. 비트코인, 이더리움 정도면 충분하죠. 처음부터 마이너 코인이나 고수익 코인에 손을 대면, 극심한 가격 등락에 무너질 수 있어요.

그보다 훨씬 중요한 건 바로, 꾸준히 모아가는 적립식 전략입니다. 매달 일정 금액을 주가지수 ETF나 암호자산에 적금하듯 나눠 투자해보세요. 이건 마치 예금을 쌓는 것처럼, 큰돈이 생긴 후에 투자하기보다, 적은 돈을 꾸준히 투자해서 큰돈을 만들어가는 방식이에요.

평상시에는 적립식, 기회가 올 땐?

장기적으로 자산을 늘리려면 '평상시엔 적립식으로 돈을 모으고, 진짜 기회가 왔을 때만 레버리지를 활용한다'고 생각해야 해요. 예를 들어, 3년간 매월 30만 원씩 투자해서 1,000만 원을 모았다면, 시장이 크게 조정될 때 마이너스 통장이나 신용대출을 활용해 추가로 1,000만 원을 더 투자할 수도 있어요. 단, 이건 준비된 사람만이 할 수 있는 전략입니다.

반대로 시작부터 레버리지를 쓰는 건 기름 들고 불 속에 들어가는 것과 같아요. 투자에서 수익도 중요하지만, '생존이 실력이죠.' 살아남은 사람이 결국 수익을 챙겨가는 겁니다.

투자 전략

장기투자 혹은 단기매매

투자는 ETF나 일등주로 시작하라고요?

처음 투자를 시작할 땐 누구나 고민이 많습니다. "뭘 사야 하지?", "종목은 몇 개로 시작하지?", "요즘 뜨는 게 뭐지?"

그런데 중요한 건 종목을 고르는 기술이 아니라 나에게 맞는 전략과 포트폴리오를 어떻게 구성할지에 대한 생각입니다. 처음엔 주가지수 ETF나 시가총액 상위 1~3위 안에 드는 대형 우량주로 시작하는 것이 가장 안전합니다. 포트폴리오라는 단어가 거창하게 느껴질 수 있지만, 실제로는 세 종목 이하로 시작하는 게 가장 좋아요.

그리고 세상의 흐름을 고민하며 종목을 선택하는 습관이 필요합니다. 남들이 "이 종목 좋아!" 할 때는, 이미 한발 늦은 것일 수도 있다는 점을 기억해 두세요. 모두 유망하다고 떠드는 종목, 특히 유튜브마다 추천하는 테마주나 대박 종목은 오히려 한 번 더 의심하고, 충분히 생각해 본 후에 접근해야 해요.

"아직 공부를 많이 못 했는데, 지금 투자해도 될까요?" 이 질문은 누구나 갖는 자연스러운 고민입니다. 하지만 현실은 다르죠. 직장에 다니며 야근도 하고, 친구도 만나고, 인생 고민도 하다 보면 '공부를 충분히 하고 나서 투자한다'는 건 거의 불가능에 가까워요. 공부보다 더 중요한 건 '나 자신에 대해 고민하고, 작게라도 실행해보는 것'입니다. 월 10만 원씩 투자한다면 다음처럼 선택할 수 있죠.

- ✓ **법정화폐(현금): 적금이나 CMA 등 안전자산**
- ✓ **주식: 주가지수 ETF 혹은 시가총액 상위 대형주**
- ✓ **암호자산: 비트코인 또는 이더리움**

이렇게 법정화폐, 주식, 암호자산 등 세 가지로 나눠볼 수 있어요. 그럼 내 자산에 대한 관점에 따라 5:3:2, 혹은 4:4:2 같은 비율로 나눌 수 있어요. 금액이 아니라, 비율이 핵심이에요. "나는 어떤 자산을 더 믿는가?"에 따라 비율을 조절하면 됩니다.

단기매매는 정보전, 장기투자는 시간과의 싸움

이제는 본격적으로 투자 자산의 평균 보유 기간, 즉 단기매매와 장기투자 중 어떤 방식이 나에게 맞는지를 생각해 볼까요. 주식 투자를 처음 시작한다면, 무조건 장기투자로 시작하는 게 맞습니다. 그 이유는 아주 단순합니다.

단기매매는 정보가 빠른 사람들의 게임이기 때문입니다. 예를 들어, 당신은 아침 9시에 출근하고 점심엔 회의, 저녁엔 팀 회식이 있어요. 그 사이 시장은 뉴스에 반응하고, 전문 트레이더들은 분 단위로 수익과 손실을 정리합니다.

그런데 그런 환경에서, 일도 병행하면서 똑같이 단타를 하겠다는 건 칼 없이 검투사 경기에 뛰어드는 것과 다름없어요.

단타로 수익을 냈다는 사람들의 이야기, 한 번쯤 들어보셨을 거예요. 하지만 대부분은 초기의 운이 작용했거나, 실제로는 기관, 시스템 트레이딩, 전업투자자에 가까운 구조를 갖고 있는 경우가 많습니다.

반면 사회 초년생인 우리는 그들의 전략을 따라 하기보다는, 장기투자를 통해 체력을 다지고 시장 감각을 익히는 방향이 훨씬 현명한 선택이에요.

혹시 단타를 하고 싶다면, 손절매Stop Loss 개념을 꼭 알아야 해요. 어떤 종목을 샀는데 가격이 떨어졌다면 이때, 더 떨어지기 전에 미리 정해둔 가격에서 과감하게 팔 수 있어야 해요.

대부분의 초보 투자자는 "조금만 더 기다리면 오를 거야.", 그러다 보면 -5%가 -10%, -20%로 커지고, 어느 순간 "지금 팔면 손해잖아, 이건 그냥 장기투자로 돌리지 뭐."라는 이상한 결론에 도달하게 됩니다. 이건 '장기투자'가 아니라 '물려서 방치'하는 것에 불과합니다.

시장에서는 이런 상황을 비자발적 장기투자라고 부르기도 합니다. 특히 대형 우량주가 아닌 테마주나 변동성 큰 종목이라면, 손절 없이 버티는 건 더 큰 손실로 이어질 가능성이 높아요.

장기투자는 보유 기간이 길어질수록, 가격의 등락은 더 많이 반복되며 손익의 변동폭도 커집니다. 하지만 바로 그 긴 시간의 '변동성'을 견디는 능력, 그것이 장기투자에서 얻는 수익의 '대가'입니다. 장기투자는 방향성과 좋은 자산을 보는 안목, 그리고 시간을 견디는 체력 모두 필요한 게임입니다.

투자근육을 단련하는 시간이 필요하다고요?

주식 투자는 수익률이 아니라 생존 게임입니다. 처음 2년은 '얼마를 벌었나'보다 '내가 왜 이 종목을 샀지?', '내가 흔들린 이유는 뭘까?'를 돌아보는 시간이 되어야 해요. 그 시간이 지나고 나면, 뉴스에 마음이 흔들리고, 조금의 손실에도 불안해하던 자신이 어느 순간부터 시장에 조정이 와도 패닉에 빠지지 않는 사람이 되어 있을 거예요.

꼭 기억하세요. 모든 처음의 자신감은 냉정한 점검이 필요합니다. 마치 초보 운전자가 "난 절대 사고 안 날 거야"라고 믿다가, 후진하다 벽을 박는 것처럼요.

그래서 투자 초반엔 반드시 장기투자, 특히 인덱스 중심의 분할매수와 적립식 투자로 시작해야 합니다. 시장을 이기려 하지 말고, 시장 안에서 오래 살아남는 사람이 되는 것. 그것이 진짜 투자자입니다.

장기투자도 실패할 수 있다고요?

많은 사람이 미국 주식 시장의 성공 사례를 근거로 장기투자를 이야기합니다. S&P 500, 나스닥, 애플, 테슬라, 마이크로소프트 같은 수십 년 동안 성장해온 기업들은 장기투자의 좋은 본보기가 되죠.

하지만 이런 성공 사례가 우리에게도 똑같이 적용되리라는 보장은 없습니다. 미국시장도 하락할 수 있으며, 투자에 실패할 수 있습니다. 예를 들어 일본을 살펴봅시다. 1980년대엔 세계 최고의 호황을 누렸지만, 1990년대 이후 장기 침체에 빠졌고, 주식시장은 30년 넘게 제자리걸음을 했습니다. 한국 코스피도 2007년 이후 2,500p 부근 박스권을 2025년 초까지 이어졌답니다.

만약 1989년 일본에서 은퇴한 직장인이 퇴직금 전부를 주식에 투자했다면? 이자는 고사하고, 일시적으로 원금의 80% 이상 손실되었고, 35년이 지나서야 겨우 원금 수준의 지수로 돌아왔습니다.

반대로, 1989년에 사회생활을 시작해 꾸준히 적립식으로 투자해온 사람이라면? 초기 10년은 고통스러웠겠지만, 이후 저가 매수 덕분에 상당한 수익을 얻었을 수 있어요.

결론은 이거예요. **장기투자는 원론적으로 좋은 전략이지만, 시장의 현실은 산수처럼 단순하지 않아요. 시간도 중요하지만, 어느 시장에, 어떤 방식으로, 어떻게 분산했느냐에 따라 결과는 완전히 달라집니다.**

거래비용
수수료와 세금

수수료와 세금을 피할 수 있을까요?

투자는 수익을 내기 위한 것으로, 그 과정에 반드시 발생하는 비용이 있습니다. 바로 **수수료**♣와 세금입니다. 처음 투자를 시작할 때, 주식이 오르기만 하면 무조건 수익이 날 거라고 생각합니다. 하지만 실제 계좌에 찍히는 수익은 세전 수익이 아니라 세후 수익이며, 수수료도 뺀 금액이라는 걸 체감하게 되죠.

예를 들어 100만 원으로 주식을 샀다가 110만 원에 팔았다면 10만 원이 수익처럼 보이지만, 여기서 매도 수수료와 증권거래세, 양도세 등이 빠집니다. 이런 비용이 매매할 때마다 반복되면 단기매매에선 수익률이 크게 깎일 수밖에 없어요. 참고할 것은, 증권거래세는 주식을 매도할

수수료: 주식을 사고팔 때 증권사에 내는 비용.

때 항상 납부하지만, 한국 주식의 경우 양도세는 대주주 요건이라고 하여 종목당 10억 원 혹은 50억 원 등 보유 규모가 클 때만 발생합니다. 미국주식은 거래세는 없지만 연간 매매 수익이 250만 원을 넘으면 그 초과분에 대해 양도세가 부과됩니다. 그래서 단기매매를 많이 하면 할수록, 이 수수료와 세금이 누적돼서 결국 생각보다 수익률이 낮아지는 걸 경험하게 됩니다. 이걸 체감해야 단기매매의 리스크, 그리고 가만히 있는 것도 수익이다라는 말을 이해하게 되는 거죠.

주식을 매매할 때 내는 세금에는 어떤 게 있나요?

한국 주식을 매도하면 무조건 부과되는 세금이 있습니다. 바로 **증권거래세**♣인데요, 현재는 매도 금액의 0.20%가 세금으로 자동 차감됩니다. 예를 들어 500만 원에 팔았다면, 1만 원이 세금으로 나가는 셈이죠.

그리고 또 하나, **양도소득세**♣도 있습니다. 다만, 2025년까지는 일반 개인투자자들이 한국 주식을 사고팔 때는 사실상 양도세가 없습니다. '대주주' 기준에 해당하거나 보유 금액이 수억 원 단위가 아니라면 신경 쓸 필요가 없어요.

하지만 해외 주식, 특히 미국 주식은 다릅니다. 모든 개인 투자자가 수익이 발생하면 양도소득세를 납부해야 해요. 예를 들어, 애플 주식을 1,000달러에 사서 1,500달러에 팔

증권거래세: 한국 주식을 팔 때 무조건 내는 세금.
양도소득세: 매매차익이 클 경우 내는 세금인데, 국가별로 다름.

아 500달러의 수익을 얻었다면, 여기에 22%의 양도세를 내야 합니다. 이 세금은 매년 5월에 직접 신고하고 납부해야 하니, 해외주식을 할 때는 꼭 달력에 체크해두세요. 미국 주식의 양도소득 기본공제 금액은 2025년 기준으로 연간 250만 원입니다.

지금은 한국 주식에 투자하여 매매 수익을 얻는 경우, 세금이 없거나 적당한 수준입니다. 그러나, 앞으로는 상황이 바뀔 수 있습니다. 2025년부터는 **금융투자소득세**♣, 일명 금투세가 도입될 예정이었습니다. 기본 공제 5,000만 원을 제외한 주식·펀드·파생상품 수익에 대해 20~25%의 세금이 부과될 계획이었지만, 미뤄졌습니다. 그러나 언젠가는 이 제도가 시행될 가능성이 높습니다. 이런 흐름은 결국, 돈을 벌면 세금은 피할 수 없다는 걸 보여주는 대표적인 사례입니다.

금융투자소득세: 주식, 채권, 펀드 등 금융투자를 통해 얻은 이익에 부과되는 세금.

장기투자자에겐 비용이 덜 중요하다고요?

"수수료와 세금, 어떻게 줄일 수 있을까요?"

많은 초보 투자자가 이런 질문을 합니다. 하지만 정답은 의외로 간단합니다. 바로 장기투자입니다. 한 종목을 1년에 1~2번 정도 거래한다면 수수료와 세금이 전체 수익에 거의 영향을 주지 않습니다. 예를 들어 3년간 꾸준히 상승한 종목을 보유하다가 한 번에 매도했다면, 수익은 크고, 거래비용은 최소로 줄일 수 있어요.

반대로 단기매매는 다릅니다. 수수료가 아무리 낮아도 거래 횟수가 많으면 눈덩이처럼 쌓여요. 거래 수수료가 0.015%라고 해도 1,000만 원짜리 주식을 하루에 3회 매매했다면, 수수료만 약 9,000원이 나갑니다. 여기에 증권거래세까지 더해집니다. 결과적으로 단타를 하면, 나도 모르게 증권사 직원의 월급을 대신 내고 있는 셈이 될 수도 있어요.

미국 주식은 세금이 있는데 왜 인기가 있나요?

그런데도 이상하게 많은 사람이 한국보다 미국 주식을 더 선호합니다. 왜일까요? 바로 수익률의 차이 때문이죠.

세금이 22%라고 해도, 수익률이 15.0%라면 세금은 3.3%, 세후 수익률은 11.7% 입니다. 반면 한국 주식은 세금이 없더라도 수익률이 5%라면… 이게 전부인 거죠.

결국, 얼마를 버느냐가 가장 중요한 요소입니다. 높은 수익률은 세금도 충분히 감당하게 만들어 줍니다. 그래서 세금이 있어도, 더 높은 성장 가능성을 가진 미국 주식에 사람들이 눈을 돌리는 거예요.

세금을 기쁘게 내라고요?

사회 초년생에게 꼭 해주고 싶은 말이 있습니다.

"세금 내기 싫다는 말은, 돈 벌 자신이 없다는 말과 비슷해요."

조금 도발적으로 들릴 수도 있지만, 주식 투자는 손익의 세계입니다. 손해를 보면 세금도, 수수료도 없지만 수익이 나면, 그만큼 세금도 함께 찾아옵니다. 그렇다고 너무 부담스러워할 필요는 없어요. 수수료나 세금은 결국, 수익이 난다는 증거니까요.

많은 초보 투자자가 "세금 너무 아깝다", "수수료가 수익 다 잡아먹는다"라고 말하지만, 결국 가장 중요한 건 수익률입니다. 투자는 돈을 벌기 위한 장기 여정이고, 그 과정에서 적은 비용은 피할 수 없는 '통행료'일 뿐이에요.

그래서 이렇게 한번 생각해 보세요.

✓ **매일 사고팔기보다, 한 번 사고 오래 들고 가기**

✓ **세금 걱정보다는, 수익이 나는 구조 만들기**

✓ **수수료 아끼기보다, 자산배분과 투자 원칙 점검하기**

우리가 궁극적으로 바라는 건 "세금 많이 냈어요!"를 기쁘게 말할 수 있는 날이에요. 그건 내가 수익을 꾸준히 낸 투자자라는 뜻이니까요. 지금은 작게 시작하더라도, 좋은 방향성과 꾸준함이 있다면 그날은 반드시 올 겁니다.

전문가에게 맡기는 게 좋을까요?

직접투자 vs 간접투자

직접투자와 간접투자는 무엇이 다른가요?

"내가 직접 투자해야 할까요, 아니면 전문가에게 맡겨야 할까요?"

결론부터 말하자면, 직접투자와 간접투자 중 하나만 정답은 아닙니다. 투자 기간이 30년이 넘을 수도 있는 인생 전체를 고려하면, 두 방식을 적절히 섞는 것이 가장 현실적인 전략이 될 수 있습니다.

직접투자는 내가 직접 종목을 고르고, 언제 매수하고 매도할지 스스로 판단하는 방식입니다. 예를 들어, 삼성전자 주식을 직접 선택해서 타이밍을 정해 매매한다면, 이건 분명한 직접투자죠. 반대로 간접투자는 나 대신 전문가가 운용해 주는 방식입니다.

대표적인 게 펀드인데, 여기엔 주식형 펀드, 채권형 펀드, 그리고 요즘 많이 이야기하는 TDFTarget Date Fund, 생애주기형 펀드 같은 상품도 포함

됩니다. ETF도 펀드이긴 하지만, 워낙 수수료가 낮고 거래 방식이 직접투자와 비슷해서 일반적으로는 직접투자에 가깝다고 보는 편입니다.

간접투자 상품들은 어떤 게 있나요?

요즘 금융기관들은 투자자들의 수요에 맞춰 다양한 간접투자 상품을 쏟아내고 있습니다.

예를 들어 이런 것들입니다. TDF♣, MMF♣, EMP♣, EMP TDF♣… 이름만 들어도 머리가 아파지죠. 하지만 이럴 때일수록 기본으로 돌아가는 게 중요합니다. 사회 초년생이 기억해야 할 4가지 원칙은 다음과 같습니다.

- ✓ **내가 아는 자산에 투자한다**
- ✓ **ETF와 같은 간단한 상품으로 시작한다**
- ✓ **수수료를 꼼꼼히 확인한다**
- ✓ **전문가에게 맡기기 전에, 스스로 운용할 수 있는지도 고민해 본다**

사회 초년생에게 투자는 정답을 찾는 시험이 아니라, 지속 가능한 루틴을 만드는 과정입니다. 간접투자든 직접투자든, 중요한

TDFTarget Date Fund: 은퇴 시점에 맞춰 자산을 자동 조절해주는 펀드.
MMFMoney Market Fund: 단기 채권 등에 투자하는 안정형 펀드.
EMPETF Managed Portfolio: ETF로 포트폴리오를 구성하는 간접 투자 선택.
EMP TDF: EMP와 TDF의 결합 형태. 자동화+분산투자의 특징을 모두 갖춤.

건 **내가 어떤 방식으로 자산을 쌓아갈 것인가에 대한 계획과 꾸준함이라는 사실**을 꼭 기억하세요.

간접투자에는 항상 추가 수수료가 붙나요?

펀드나 간접투자는 편리해 보일 수 있습니다. 하지만 그 편리함에는 비용, 즉 수수료가 따라옵니다. 예를 들어, 연간 운용 보수가 1.5%인 펀드에, 1,000만 원을 투자했다면, 매년 15만 원은 운용사에게 지급되는 셈입니다. 10년이면 150만 원을 수수료로 지불하게 됩니다. 적은 금액이 아니지요. 이 수수료가 아깝지 않으려면 운용사의 실력이 시장 평균을 능가해야 합니다. 하지만 현실은 꼭 그렇지만은 않죠.

이 비용이 전문가의 실력으로 보상을 받는다면 납득할 수 있지만, 수익률이 시장 평균보다 낮다면 오히려 손해일 수 있어요. 많은 사회초년생이 '잘 모르니까 맡긴다'는 이유로 펀드에 투자하지만, 결국 수익은 내가 책임지는 구조임을 기억해야 합니다.

투자자 입장에서는 추가적인 비용이지만, 전문성을 가진 운용사 입장에서는 최소한의 생계 수단입니다. 직원들 월급도 줘야 하고, 좋은 사무실도 유지해야 하며, 주주들에게 배당도 해야 하죠. 바로 그 원천이 수수료입니다.

ETF는 사실상 직접투자

ETF는 지수(인덱스)를 따라가도록 설계된 상장지수펀드입니다. 하지만 직접 매수하고 매도할 수 있으며, 실시간으로 가격이 움직이고 거래소에서 자유롭게 사고팔 수 있다는 점에서, 펀드이면서도 직접투자처럼 활용할 수 있는 장점이 있죠.

게다가 운용 보수도 매우 낮습니다. 많은 사회 초년생이 비용을 최소화하면서도 자산을 분산하고 싶다고 할 때, ETF가 대표적인 선택지가 되는 이유입니다. 반면, 일반적인 펀드는 전문가가 자산을 운용하며, 일정한 수수료를 지불해야 합니다. 따라서 단순히 "ETF도 펀드니까 간접투자야"라고 단정하기보다는, 어떤 방식으로 거래하는지, 얼마나 직접 통제할 수 있느지를 기준으로 구분하는 게 좋습니다.

나이에 따라 자산을 조정해주는 펀드가 있다고요?

TDF는 Target Date Fund의 줄임말로, 말 그대로 목표 시점(대부분 은퇴 시점)을 기준으로 투자자의 나이에 따라 포트폴리오를 자동으로 조정해주는 상품입니다. 예를 들어 2055년에 은퇴할 예정인 30세 사회 초년생이라면, 'TDF2055'라는 상품에 가입하게 되는 거죠.

처음엔 주식 비중이 높고, 시간이 지날수록 자동으로 채권 비중이 늘어나는 방식입니다. 투자를 잘 몰라도 자산 배분을 알아서 해준다는 점에서 꽤 편리한 상품입니다.

하지만 이 편리함 뒤에는 운용 보수라는 비용이 존재합니다. 직접 ETF를 사고 일정한 주기마다 **리밸런싱**♣을 한다면 수수료를 줄이면서도 유사한 전략을 구현할 수 있죠. 즉, 시간과 노력을 들이기 싫은 사람은 비용을 더 내고 전문가에게 맡기고, 직접 관리할 수 있다면 수수료를 아끼는 쪽이 유리할 수도 있습니다.

리밸런싱Rebalancing: 자산의 비율을 다시 맞추는 것.

나는 언제 무엇을 선택해야 할까요?

투자자라면 모두 안정적이면서도 높은 수익률을 원하죠. 이 책에서는 사회 초년생들에게 ETF 또는, 여건이 된다면 개별종목이라도 일등주에 투자할 것을 권합니다.

그러나 이번엔 간접 투자상품을 다루려고 합니다. 구체적인 상황에 따라 구분해볼게요. 예를 들어, 이런 경우를 생각해볼 수 있어요.

- ✓ 나는 투자 공부를 아예 할 시간이 없고, 돈을 조금씩 장기적으로 모으고 싶다 ⋯→ TDF 또는 지수 펀드
- ✓ 주식이 오르면 좋고, 떨어질 때 더 사고 싶지만 종목은 잘 모르겠다 ⋯→ ETF
- ✓ 내가 스스로 판단하고 기업에 대해 공부하고 싶다 ⋯→ 직접 투자(개별종목)

각 방법에는 장단점이 있습니다. 중요한 것은 본인의 상황과 성향에 맞는 도구를 선택하는 것입니다.

심화 암호자산
디지털 시대의 새로운 자산

암호자산은 어떻게 만들어졌을까요?

암호자산, 흔히 암호화폐라고도 불리는 이 자산은 디지털 전환 시대를 대표하는 새로운 투자 대상입니다. 조금 더 정확히 말하자면, 블록체인이라는 기술 기반 위에 만들어진 디지털 자산이죠.

블록체인은 거래 기록을 블록 단위로 암호화해서 저장하고, 이를 네트워크 참여자들과 공유하는 **분산원장기술**♣입니다. 이 과정에서 정보를 암호화하고 기록하는 작업을 채굴이라고 부르며, 이 작업을 수행한 사람(채굴자)은 그 보상으로 비트코인과 같은 암호자산을 받게 됩니다.

이렇게 탄생한 암호자산은 단순한 투자 대상에 그치지 않습니다. 지급 결제 수단, 디지

분산원장기술DLT: 중앙 기관 없이 여러 참여자가 거래 기록을 공동으로 저장·검증해 신뢰성과 투명성을 확보하는 기술.

털 생태계 안에서의 교환 매개, 투자자산 등의 다양한 성격을 갖춘, 아주 독특한 존재입니다.

비트코인은 왜 디지털 금이라고 부를까요?

비트코인은 2009년에 등장한 이후, 지금까지 가장 대표적인 암호자산으로 자리 잡았습니다. 가장 큰 특징은 발행량이 2,100만 개로 한정되어 있다는 점입니다. 이미 대부분의 비트코인이 채굴되었고, 그중 일부는 분실되었거나 사용이 불가능해, 실제로 시장에 유통되는 물량은 더욱 적습니다.

이런 희소성 때문에 비트코인에는 디지털 금이라는 별명이 붙었습니다. 실제로 인플레이션에 대비한 **헤지 수단**♣으로 비트코인을 보유하는 기관 투자자들도 점점 늘고 있습니다.

또한, 미국에서는 비트코인 현물 ETF가 승인되면서 암호자산 시장이 점차 제도권으로 편입되고 있다는 해석도 나오고 있습니다.

헤지 수단: 투자할 때 생길 수 있는 손해(위험)를 줄이기 위한 방법.

이더리움과 알트코인, 투자해도 괜찮을까요?

비트코인 다음으로 많이 알려진 암호자산은 이더리움Ethereum입니다. 이더리움의 강점은 스마트 컨트랙트smart contract 기능에 있습니다.

쉽게 말하면, 특정 조건이 충족되면 자동으로 거래가 실행되는 계약 시스템이죠. 이 기능은 디지털 시대의 다양한 서비스, **디앱**DApp♣이나 **디파이**DeFi♣ 생태계에서 핵심적인 역할을 합니다.

> **디앱**Decentralized Application: 스마트폰에서 사용하는 앱은 대부분 하나의 회사(예, 카카오, 네이버)가 중앙에서 운영하지만, 디앱은 블록체인 위에서 중앙 운영자 없이 작동하는 앱 또는 서비스.
> **디파이**Decentralized Finace: 블록체인 위에서 작동하는 중앙 기관 없는 금융 시스템.
> **펀더멘털**Fundamental: 기업이나 자산의 내재적 가치를 결정하는 경제적·재무적 기본 요소.

그 외에도 리플XRP, 도지코인Dogecoin, 월드코인Worldcoin 등 다양한 알트코인(비트코인을 제외한 암호자산)이 존재하지만, 이들 중 상당수는 프로젝트의 **펀더멘털**♣이 명확하지 않거나, 투기적 성격이 강하고 가격 변동성이 큰 경우가 많아요.

예를 들어 도지코인은 일론 머스크가 SNS에 남긴 한마디로 인해 급등하거나 폭락하는 일이 반복되곤 했습니다. 이처럼 기초 자산이나 수익 모델이 불분명한 종목은 투자라기보다는 사실상 디지털 복권에 가까운 성격을 가진다고 볼 수 있습니다.

NFT는 무엇인가요?

NFTNon-Fungible Token는 말 그대로 대체 불가능한 **토큰**♣입니다. 현실 세계에서 부동산 등기부나 자동차 등록증처럼, 디지털 자산의 소유권을 증명해주는 역할을 합니다. 예를

> **토큰**token: 디지털 세계에서 권리나 가치를 나타내는 단위로, 컴퓨터가 이해할 수 있는 코드 형태로 만든 것.

들어, 한 아티스트가 만든 디지털 그림을 NFT로 발행하면, 그 그림의 원본 소유자는 NFT를 가진 사람이 되는 겁니다. 비트코인이 5만 원 지폐처럼 모두 동일한 가치를 가진 대체 가능한 자산이라면, NFT는 같은 30평 아파트라도 동호수와 뷰에 따라 전혀 다른 가치를 가지는 자산이라고 이해하면 쉽습니다.

암호자산은 안전한가요?

이 질문에 대한 답은 사실 간단하지 않습니다. 비트코인은 위조가 불가능하며, 네트워크 자체도 해킹된 적이 없고, 블록체인 기술의 안전성은 대체로 높게 평가받고 있습니다.

하지만 문제는 거래소나 개인 지갑 해킹, 거래소 파산 등 실질적인 위험 요소가 존재한다는 점입니다. 또한, 암호자산은 정부가 발행하거나 보증하는 법정화폐가 아니라, 사용자들 간 신뢰에 기반한 자산입니다. 그래서 어떤 사람들에겐 믿음의 대상이지만, 다른 사람들에겐 실체 없는 투기 수단처럼 느껴지기도 하죠.

누가 발행하느냐에 따라 다르다고요?

암호자산은 누가 만들었느냐에 따라 그 성격이 달라집니다.

✓ **민간 발행: 비트코인, 이더리움처럼 특정 개인이나 집단이 개발하고, 중**

앙기관 없이 운영되는 구조

✓ 정부 발행: CBDCCentral Bank Digital Currency, 즉 중앙은행 디지털화폐로, 한국은행, 미국 연준 등이 준비 중

✓ 기업 발행: 카카오의 '클레이튼', 페이스북의 '디엠(구 리브라)' 같은 기업 주도의 암호자산. 마일리지, 포인트 등도 넓은 의미의 디지털 자산에 포함됨. 빅테크 기업이 스테이블코인♣을 발행할 경우 이 부류에 포함됨

특히, 정부가 발행하는 디지털화폐는 법정화폐의 디지털 버전이기 때문에 기존의 통화 질서를 유지하면서도 블록체인 기술을 활용하려는 시도로 볼 수 있습니다.

스테이블코인Stablecoin: 가격 변동성을 줄이기 위해 설계된 디지털 자산.

암호자산은 기회일까요? 위험일까요?

암호자산은 명확한 펀더멘털보다는 수요와 공급에 따라 가격이 결정됩니다. 예를 들어, 비트코인을 사려는 사람이 많아지면 가격이 오르고, 믿는 사람이 줄어들면 급락하는 구조입니다. 이러한 특성 때문에 정부의 규제, 국제 정세, 심지어 SNS에 올라온 한 줄의 글에도 가격이 크게 흔들릴 수 있습니다.

하지만 반대로 생각해 보면, 전 세계에서 디지털 전환이 가속화되고 법정화폐의 신뢰가 흔들릴 경우, 오히려 암호자산은 '탈중앙화된 자산'으로서 수요가 더 커질 수도 있습니다.

특히 비트코인의 발행량이 정해져 있고, 일부 국가의 전략자산 발표와 기관 투자자들의 진입이 늘어나고 있는 현재, 이 자산이 가진 잠재적 가치를 무시할 수 없습니다.

사회 초년생에게 암호자산은 어떤 의미일까요?

사회 초년생 입장에서 암호자산 투자는 분명 매력적일 수 있습니다. '10배 수익' 같은 기사, 친구의 성공담, 유튜브에서의 수익 인증은 '나도 해보고 싶다'는 욕망을 자극하죠.

하지만 잊지 말아야 할 건, **암호자산은 분산투자 대상 중 하나일 뿐**이며, **절대 투자 자산의 전부가 되어서는 안 된다는 것**입니다. 만약 투자한다면, 비트코인이나 이더리움처럼 상대적으로 검증된 자산에 소액부터 적립식으로 투자하는 방식을 추천합니다.

그리고 **절대 대출이나 신용카드를 활용해 투자해서는 안 됩니다.** 단기간에 큰 수익을 노리기보다, 디지털 전환 시대의 변화 흐름을 이해하고 이에 참여한다는 마음가짐으로 접근하는 것이 중요합니다.

한국에서 코인계좌는 어떻게 개설하나요?

한국의 암호자산 거래소는 금융기관이 아니라고요?

암호자산, 즉 코인을 사고팔기 위해 만드는 계좌는 금융기관이 아니라 암호자산 거래소에서 개설합니다. 한국에서 대표적인 거래소로는 업비트와 빗썸이 있습니다. 업비트는 특히 2030 세대에게 모바일 기반의 간편한 거래 환경을 제공하며 거래량 1위를 차지했고, 빗썸은 2017년 이전에 시장을 주도했던 전통적인 거래소입니다.

하지만 두 거래소 모두 금융당국의 인가를 받은 금융자산 거래소는 아닙니다. 즉, 중고물품 거래를 중개하는 사이트처럼, 암호자산 거래를 지원하는 플랫폼일 뿐입니다. 이 말은 곧 법적인 보호를 받지 못할 수도 있다는 뜻입니다. 거래소의 지배 구조나 자산 보호 시스템에 불신이 생길 수밖에 없고, 실제로 거래소 파산이나 해킹 사례도 있었습니다.

한국에선 왜 코인 관련 금융상품이 없을까요?

2025년 현재, 한국에서는 암호자산이 '공식 금융자산'으로 인정되지 않고 있습니다. 따라서 주식처럼 금융기관을 통해 코인에 투자하는 펀드, ETF, 선물 상품은 존재하지 않습니다.

예를 들어, 미국에서는 나스닥이나 CME 거래소에 비트코인 ETF나 비트코인 선물이 상장되어 있고, 블랙록, 피델리티 같은 글로벌 자산운용사들도 암호자산에 투자하는 상품을 만들어 판매하고 있습니다.

하지만 한국의 금융기관은 관련 업무를 할 수 있는 법적 근거가 없어요. 따라서 수탁, 중개, 매매 알선이 불가능합니다. 이로 인해 한국에서 코인 관련 공식적인 금융상품을 찾기 어려운 상황입니다.

이 때문에 한국의 투자자들은 여전히 '암호자산은 금융자산이 아니다'라는 이중적인 현실에서 투자를 하고 있는 셈이죠.

코인계좌는 어떻게 만들까요?

실제로 암호자산 투자를 시작하려면 코인 거래 계좌를 만들어야 합니다. 이는 증권사에서 주식계좌를 개설하는 것과는 조금 다릅니다.

우선, 암호자산 거래소와 연계된 실명계좌가 있는 은행 통장이 필요합니다. 예를 들어 빗썸은 현재 KB국민은행과 연계되어 있기 때문에, 빗썸에 입금하려면 본인 명의의 국민은행 계좌가 있어야 합니다. 업비트의 경우 케이뱅크와 연계되어 있죠.

계좌 개설은 대부분 온라인으로 가능합니다. 거래소 홈페이지나 앱에서 **회원 가입 ···› 실명 인증 ···› 계좌 연결** 단계를 거치면 됩니다.

코인 계좌가 아니라 지갑?

암호자산은 자산을 저장하고 이동하는 방식이 조금 다릅니다. 은행에서는 계좌account라는 용어를 쓰지만, 암호자산에서는 지갑wallet이라고 합니다. 예를 들어 비트코인을 보유하려면, 비트코인을 담을 수 있는 전용 지갑을 만들어야 합니다. 이 지갑에는 '지갑 주소'라는 것이 있는데, 알파벳과 숫자가 섞인 24자리 이상 문자열로 구성됩니다. (예: 1BkfD8kTnqVxQe2zj5JtL7···)

이 주소는 일종의 디지털 계좌번호로, 다른 사람의 지갑 주소로 코인을 보내거나 받을 수 있어요. 또한 모든 거래는 블록체인에 기록되어 누구나 열람할 수 있습니다. 예를 들어 bitinfocharts.com 같은 사이트에서 비트코인의 이동 경로를 추적할 수 있어요.

다만, 빗썸이나 업비트 같은 거래소에서 코인을 매입하면 투자자 개인의 별도 지갑은 없습니다. 거래소 내에서의 거래는 비트코인 네트워크에 직접 기록되지 않고, 거래소의 기록으로만 남아요. 투자자들의 보유 자산은 거래소가 관리하는 지갑에 담겨 네트워크 원장에 기록됩니다. 참고로 bitinfocharts.com에서 지갑 현황을 확인해보면, 비트코인 보유량 상위 6개 지갑이 모두 거래소 지갑임을 알 수 있습니다.

가장 부유한 비트코인 주소 100위

	주소	균형	동전의 %
1	34xp4ROCGjym3xR7yCVPFHoCNxv4Twseo 지갑: Binance-coldwallet	248,598 BTC (28,164,355,191달러)	1.25%
2	bc1ql49ydapnjafl5t2cp9pdgmxy98859v2 지갑: Robinhood-coldwallet	140,575 BTC (15,926,138,365달러)	0.7064%
3	bc1qdjqv0av3q56jvd82tkdjpy7gd p9ut8tlqmgrpmv24sq90ecnvqqjw vw97 지갑: Bitfinex-coldwallet	130,010 BTC (14,729,226,904달러)	0.6533%
4	3M219KR5vEneNb47ewrPfWyb5jQ2DjxRP6 지갑: Binance-coldwallet	123,537 비트코인 (139억 9,587만 3,692달러)	0.6208%
5	bc1qazcm763858nkj2dj986etajv6wqusiv8u xwczt 지갑: Bitfinex	94,643 BTC (10,722,440,738달러)	0.4756%
6	1FeexV6bAHb8ybZjqQMjJrcCrHGW9sb6uF 지갑: MtGox-Hack	79,957 BTC (9,058,595,727달러)	0.4018%

출처: https://bitinfocharts.com/top-100-richest-bitcoin-addresses.html

지갑에 보관하는 건 괜찮나요?

이런 구조 덕분에 은행 같은 중개 기관 없이도 코인을 주고받을 수 있다는 장점이 있지만, 동시에 보안과 분실에 대한 책임은 전적으로 투자자 본인에게 있어요. 즉, 지갑을 해킹당하면 코인을 잃게 되고, 비밀번호나 복구 키를 분실하면 영원히 되찾을 수 없습니다.

이 문제를 해결하려면 수탁기관Custodian이 필요한데, 아쉽게도 한국에선 2025년 현재 은행이 코인을 보관해주는 '수탁 서비스'를 제공하지 않습니다. 미국에서는 일부 대형 은행들이 이 역할을 시작했지만, 한국은 아직 논의조차 미비한 상황입니다.

한국이 암호자산 후진국인 이유

저는 2017년부터 암호자산에 투자해오며, 그 과정에서 한국이 얼마나 많은 기회를 놓쳤는지 직접 목격해왔습니다. 예를 들어 2024년, 미국에서는 비트코인 현물 ETF가 상장되었고, 기관투자자들이 코인을 법적으로 안전하게 보유할 수 있는 제도가 마련되었습니다.

심지어 미국 상장사인 마이크로스트래티지는 회사채를 발행해 비트코인을 매입했습니다. 기업이 현금을 비트코인으로 전환하는 전략을 공식적으로 사용한 사례입니다.

반면 한국은 제도도 마련되지 않았고, 금융기관은 코인을 취급할 수 없으며, 정부는 명확한 입장조차 내놓지 못하고 있습니다. **암호자산에 대한 한국의 시각이 반드시 세계의 기준이 아니라는 점**을 꼭 기억하기 바랍니다.

경제 기초 개념 ①

자산가격 영향 요인: 화폐가치·인플레이션 등

돈의 가치는 시간이 지나면 떨어진다고요?

경제를 이해하는 데 가장 중요한 개념 중 하나는 '화폐가치'가 시간이 갈수록 하락할 수밖에 없다는 사실입니다. 이 현상을 '인플레이션(물가 상승)'이라고 하지요.

뉴스에서는 경제지표를 자주 다루지만, 통화량에 대한 이야기는 상대적으로 적게 나옵니다. 하지만 투자를 시작하려는 사람이라면 이 통화량에 주목해야 합니다. 왜냐하면 시중에 돈, 즉 통화량이 많아지면, 그만큼 화폐의 가치는 떨어지기 때문입니다.

예를 들어볼게요. 어떤 섬나라에 상품이 100개가 있고, 돈이 100만 원뿐이라고 합시다. 그렇다면 상품 하나당 가격은 평균 1만 원이 됩니다. 그런데 어느 날 돈이 600만 원으로 늘어난다면요? 상품 수는 그대로인데 돈만 많아졌으니, 상품 가격이 올라가는 건 당연하겠죠. 이것이 바로 물가 상승, 즉 화폐가치 하락입니다.

한국의 통화량은 2000년 이후 20여 년 동안 6배 이상 증가했지만, 물가는 그렇게 크게 오르지 않았습니다. 언뜻 보면 이상적인 균형처럼 보이지만, 앞으로도 계속 유지될지는 미지수입니다.

미국, 유럽, 일본 등 전 세계적으로 정부 지출은 늘어나고 세수는 줄어드는 상황이며, 전쟁이나 팬데믹 같은 돌발 변수도 반복되고 있습니다. 이런 환경에서 정부가 할 수 있는 가장 쉬운 대응책은 결국 돈을 더 찍어내는 것이죠.

이 점을 꼭 기억하세요. 화폐는 시간이 갈수록 가치가 떨어집니다. 그래서 단순히 현금을 보유하기보다, 자산에 투자해 가치를 보존하고 불려나가는 것이 중요합니다.

인플레이션 압력은 왜 계속 커지는 걸까요?

그런데 왜 우리나라 경제는 이런 인플레이션 압력이 계속해서 커지는 걸까요? 그 배경에는 정부의 재정 정책과 선거 문화가 깊이 연결되어 있습니다.

한국은 선거가 많습니다. 선거가 있을 때마다 정책 공약이 쏟아지고, 그 공약을 실현하기 위해 정부 지출이 늘어납니다. 유치원부터 대학생, 청년층, 노인, 농민, 벤처, 연구자까지—정말 다양한 이름의 '지원금'이 존재하죠. 재난지원금부터 시작해서 지역화폐, 관광 지원, 기본소득에 가까운 청년지원금까지. 이 모든 것이 결국 정부 지출이고, 그 돈은 국민 세금이거나, 정부가 발행한 부채입니다.

게다가 세금을 줄여주겠다는 공약도 함께 등장합니다. 그렇다면 어디서 돈을 충당할까요? 결국 **화폐 발행을 통해 유동성을 공급**하게 됩니다. 이는 곧 화폐의 실질 가치 하락을 뜻합니다. 중요한 것은, **이런 구조에서 사회 초년생인 여러분이 그 부작용을 오롯이 감당해야 할 세대라는 사실입니다. 경제에 대한 감각을 키워야 할 이유가 바로 여기에 있습니다.**

경제지표만 보고 투자해도 될까요?

주가지수는 왜 경제지표와 다르게 움직일까요? 사회 초년생으로서 경제 공부를 시작할 때, 꼭 봐야 할 지표가 있습니다. 바로 GDP(국내총생산)와 주가지수입니다. GDP는 우리나라 경제가 얼마나 성장했는지를 보여주는 가장 대표적인 지표이고, 주가지수는 투자자들이 기업과 경제를 어떻게 평가하고 있는지를 나타내는 시장의 심리입니다.

그런데 문제는 이 두 가지 지표가 항상 같은 방향으로 움직이지는 않는다는 것입니다. 예를 들어, GDP 성장률이 1.7%로 발표됐다고 해 볼게요. 예상치가 1.2%였다면? 긍정적인 반응이 나올 수 있겠죠. 하지만 시장이 3.2% 성장을 기대했다면? 실망감에 주가가 떨어질 수도 있습니다. 더욱이 같은 발표 수치라도 이미 시장에 반영됐는지 여부에 따라 주가의 반응이 달라지기도 합니다.

"이 정도 수치는 이미 반영된 거 아니야?", "다음 발표 땐 더 안 좋을 텐데?" 이런 식으로 해석이 갈리는 거죠.

그러니 경제지표를 공부한다고 해도 주가를 정확히 예측할 수는 없습니다. 오히려 "경제지표와 주가지수는 다르게 움직일 수 있다"는 점을 이해하는 것이 훨씬 중요합니다. 시장에는 정답이 없습니다. 정답처럼 보이는 해석이 있을 뿐입니다.

그럼에도 불구하고 경제지표, 화폐가치, 금리, 정부 정책 등은 우리가 살아가는 세상이 보내는 경제적 신호입니다. 그 신호를 읽고, 지금보다 더 나은 판단을 내리는 것이 자산관리의 핵심입니다.

투자 공부는 어렵지만, 아주 기초적인 개념만 이해하고 있어도 앞으로 벌어질 변화에 놀라지 않고 준비할 수 있습니다. 사회 초년생의 투자는 지금부터 시작해야 합니다. 그리고 그 시작은 '경제를 이해하려는 마음'에서 출발합니다.

복리와 할인율, 그리고 금리의 힘

투자 기간이 길어질수록 복리가 만들어내는 격차는 더욱 커집니다. 마지막으로 꼭 알아야 할 개념 중 하나가 바로 금리와 복리 효과입니다. 금리는 이자율이자 자산에 대한 기대수익률을 의미하며, 투자의 '할인율'로도 사용됩니다. 하지만 일반적으로 가장 많이 쓰이는 개념은 복리입니다.

예를 들어 연 6% 수익률로 자산을 투자했다고 가정해봅시다. 단리 방식이라면 원금이 두 배가 되기까지 약 16년이 걸리지만, 복리 방식이라면 12년 만에 자산이 두 배로 불어납니다. 이를 간단히 계산하는 법칙이 바로 72법칙이죠.

✓ **72 ÷ 연수익률 = 자산이 2배가 되는 기간**(예: 72 ÷ 6% = 12년)

이처럼 복리는 시간이 길어질수록 어마어마한 힘을 발휘합니다. 그래서 많은 투자자가 '일찍 시작하는 것'의 중요성을 강조하는 이유입니다.

경제 기초 개념 2
가격 양극화와 투자 수익

부동산과 주식, 두 개의 문

한국에서 돈을 번다고 하면 대부분 부동산이나 주식을 떠올립니다. 특히 사회 초년생이 자산 형성을 고민할 때, 이 두 가지에 집중하게 되죠. 하지만 손실 위험을 감수하고 투자했을 때 과연 수익을 얻을 수 있을까요? 부동산 가격이나 주가지수가 상승한다고 해서 나의 자산이 반드시 불어나는 것은 아닙니다. 우리는 가격 양극화 현상을 이해한 후에 투자를 시작해야 합니다.

현실은 단순하지 않습니다. 경제가 성장하지 않으면 새로운 수익이 생겨나는 게 아니라, 누군가의 손실이 다른 누군가의 수익으로 전환되는 구조가 됩니다. 이런 상황에서 금융시장은 쉽게 말해 투전판이 될 수도 있습니다. 정확하고 빠른 정보, 경험, 그리고 전략이 없다면 수익은커녕 원금도 잃기 쉽습니다.

이제는 상장된 주식만으로는 기대 수익을 내기 어렵다는 의견이 많아졌습니다. 오히려 비상장주식이나 기업 인수합병M&A 같은 특수한 이벤트에서만 수익 기회가 생긴다고 보는 이들도 있습니다.

부동산도 마찬가지죠. 지난 30년간 부동산 가격이 많이 올랐지만, 전국적으로 고르게 오른 것이 아니라 서울 일부 지역, 몇몇 신도시, 행정도시 등 일부 지역에 집중됐습니다. 시골 논밭이 어느 날 아파트 단지로 개발되어 큰 차익을 얻는 경우는 뉴스에서나 볼 수 있는 이야기일 뿐, 대부분의 사람들에게는 현실과 거리가 멉니다.

앞으로도 사회 초년생이 지금 이 시점에서 부동산 투자로 인생 역전을 기대하기는 쉽지 않다는 점을 솔직히 인정해야 합니다.

부동산도, 주식도 양극화의 시대라고요?

지금의 투자 시장은 아주 뚜렷하게 양극화 현상을 보이고 있습니다. 과거처럼 모든 자산이 함께 오르고, 내리는 시장이 아닙니다. 이제는 소수의 선택받은 자산만 가격이 오릅니다.

부동산 시장에서는 서울 주요 지역의 신축 아파트나 재건축 기대가 있는 일부 단지에만 매수세가 집중되면서 가격이 상승하고 있습니다. 반면 지방이나 수도권 일부 지역에서는 거래가 거의 이루어지지 않는 잠긴 시장이 늘어났습니다. 쉽게 팔리지도 않고, 팔려고 해도 원하는 가격을 받기 어려운 상황이 된 것이죠.

주식시장도 비슷한 양상입니다. AI, 반도체, 전기차 등 특정 산업군에 속한 몇몇 종목만 가격이 오르고, 나머지 종목들은 부진한 모습을 보입니다. 투자자 입장에서는 주가지수는 큰 변동이 없는데 자신의 계좌는 점점 말라가는 듯한 느낌을 받습니다. 테마가 빠르게 바뀌기 때문에 직장인 투자자들이 따라가기 어렵다는 점도 문제입니다. 조선, 방전, 원자력, 스테이블코인 등 다양한 테마가 번갈아 주목받지만, 이는 쉽게 변하는 트렌드일 뿐이죠.

"코스피가 4,000p을 넘었다"는 소식이 반갑지만은 않습니다. 개인 투자자들이 매수한 종목 중에는 오히려 추가 하락으로 평가손실이 확대된 경우도 많습니다. 주가지수가 올랐다고 해도 실제로는 시장 전체가 무너졌다는 느낌을 받는 투자자들이 훨씬 많습니다.

양극화는 자산 가격만의 문제가 아니라고요?

오늘날 양극화 문제는 단지 자산 가격에만 국한되지 않습니다. 기회 자체가 공평하지 않은 사회라는 점은 누구도 부정하기 어려운 현실입니다. 자산의 격차뿐만 아니라 노동 가치와 소득의 격차도 점점 커지고 있습니다.

언론에서는 대기업, 공기업, 금융권의 연봉이 계속 오르고 있다고 말하지만, 사회 초년생들이 실제로 마주하는 일자리 대부분은 최저임금을 수준을 기준으로 하고 있습니다. 여기에 자격증, 경력, 어학 등 더 많은 조건이 요구되면서 취업의 문턱은 높아지고 있습니다.

정부가 도입한 2년간의 정규직 전환 고용 보호 규정이 있음에도 불구하고, 현장에서는 오히려 1년 11개월짜리 계약직이 늘어나고 있다는 이야기도 심심찮게 들립니다. 이처럼 우리는 자산을 통한 수익 창출뿐 아니라, 노동을 통한 안정적인 소득 형성 기회조차 과거보다 훨씬 더 치열하고 제한적인 환경에 놓여 있습니다.

그렇다면, 어디서 수익을 기대할 수 있을까요?

이런 상황에서 사회 초년생이 가장 먼저 가져야 할 태도는 현실을 냉철하게 인정하는 자세입니다. 부동산이든 주식이든, 지금의 시장은 모두에게 열린 기회의 장이 아닙니다. 그럼에도 불구하고 우리는 살아가야 하고, 자산을 모아야 하며 결국 투자를 해야 합니다.

"어디서 수익을 낼 수 있을까?"라는 질문보다, "어떻게 리스크를 줄이면서 안정적으로 수익을 기대할 수 있을까?"에 더 집중해야 합니다.

누구나 아는 방법이나 뉴스에서 접하는 정보만으로는 충분한 수익을 기대하기 어렵기 때문입니다. 결국 자산시장에서 살아남기 위해서는 **① 시장보다 먼저 움직이거나, ② 시장의 구조를 깊이 이해하거나, ③ 시간을 아군으로 삼는 장기투자를 실천**하는 수밖에 없습니다. 쉽지 않은 길이지만, 포기할 이유도 없습니다. 우리는 이제 시작하는 사람들이니까요.

다만, **기대는 현실적으로 가져가고, 실행은 신중하게 하며, 투자 공부는 습관처럼 꾸준히** 이어가야 할 때입니다.

경제 기초 개념 3

금융기관에 대한 오해와 이해

금융기관을 다른 시각으로 보라고요?

"금융시장은 금융소비자를 위한 것이 아니라 금융기관을 위한 것이다"라는 말을 처음 들으면 다소 불편할 수 있어요. 하지만 이런 시선으로 금융을 바라보면 오히려 현실을 냉정하게 이해하는 데 도움이 됩니다.

우리가 금융기관에 내는 수수료, 계좌 유지비, 보험료, 운용 보수 등 모든 비용은 결국 그들의 월급, 복지, 건물 임대료, 고급 커피값 등으로 쓰입니다. 금융기관은 고객 덕분에 존재하고 운영되지만, 실제 상품 설계나 운용 전략에서는 고객의 수익보다는 기관의 이익이 우선 고려되는 경우가 많습니다.

심지어 문제가 된 상품에 대해서도 금융기관은 "시장이 나빴다"거나 "예상치 못한 변수였다"는 말로 책임을 회피하는 모습을 자주 볼 수 있습니다. 예를 들어, 연금저축상품을 생각해보세요. 꾸준히 납입하지만, 수익은 기대에 못 미치는 경우가 많고, 운용사와 판매사는 일정 수수료를 떼 갑니다.

보험도 마찬가지입니다. 광고에선 "걱정 없는 노후", "병원비 부담 없음"을 내세우지만, 실제로는 보험금을 받기 어려운 조건들이 숨어 있는 경우도 적지 않습니다.

과연 이런 상품들이 진정 가입자를 위한 것일까요?

금융기관은 절대 손해 보지 않는다고요?

금융기관은 고객이 손실을 입어도 절대 손해를 보지 않는 구조입니다. 아이러니하게도, 고객이 돈을 잃어도 금융기관은 정해진 수수료와 운용 보수를 꾸준히 받습니다.

예를 들어, 은행은 고객이 투자 손실을 보든 말든 약속된 수수료를 받으며, 이는 금융기관의 안정성을 위한 기본 수익입니다. 보험사는 고객이 보험금을 청구하지 않으면 남은 돈이 그대로 이익이 되고, 펀드매니저는 펀드 성과가 마이너스여도 운용 보수를 자동으로 챙깁니다.

심지어 펀드가 좋은 성과를 내면 성과보수라는 추가 수수료도 받아요. 결국 금융기관은 고객이 손해를 보더라도 수익을 보장받는 구조로 설계되어 있다는 점을 꼭 기억해야 합니다.

금융기관은 고비용 구조의 전문가 집단

사회 초년생일수록 '나는 잘 모르니까 전문가에게 맡겨야겠다'고 생각하기 쉽습니다. 그래서 자산관리, 보험, 연금 같은 의사결정을 금융회사나 전문가에게 맡기곤 하죠.

하지만 그 '전문가'들이 정말 나를 위한 조언을 해줄까요? 그들도 결국 성과에 따라 인센티브를 받는 회사의 직원입니다. 판매 실적과 마케팅 전략이 우선시되는 구조에서, 모두가 그렇진 않더라도 금융기관 중심으로 짜인 제도와 환경임을 인식해야 합니다.

금융기관은 최신 전산시스템을 도입하고, 고급 사무실과 높은 연봉의 직원을 갖추며, 블룸버그 단말기로 시장을 분석하고, 회의실에서 커피를 마시며 운용 전략을 만듭니다. 이 모든 비용은 결국 고객이 낸 수수료와 보수에서 나오는 것이죠. 쉽게 말해, 당신이 은행 창구에서 가입한 펀드 수수료가 그들의 회식비가 될 수도 있다는 뜻입니다.

예금과 보험은 투자상품이 아니라고요?

예금과 보험은 수익보다 안정성과 보호가 목적인 상품입니다. 은행의 수익 구조는 간단합니다. 고객에게 3%의 이자로 예금을 받고, 다른 고객에게 5% 이자로 대출을 해주는 방식이죠. 여기서 2%의 차익이 은행의 수익입니다. 예를 들어, 30조 원의 자금을 운영하면, 연간 6,000억 원의 수익이 발생합니다.

하지만 문제는, 많은 사람이 예금이나 보험에 가입하면서 투자 수익을 기대한다는 데 있습니다. 예금 이자보다 조금이라도 높은 수익을 바라고 변동금리 예금이나 '투자형 보험'에 가입하지만, 실제 수익은 거의 없고 각종 수수료와 비용만 빠지는 경우가 많습니다.

보험은 특히 오해가 많습니다. 보험의 본질은 위험 회피가 목적입니다. 암 진단, 사고, 질병 같은 큰 지출에 대비하는 것이 본래의 목적이죠. 하지만 요즘은 적립형 보험, 변액 보험 등 수익형처럼 포장된 상품이 많습니다. 문제는 이들 상품은 납입 보험료의 10~20%가 사업비 명목으로 공제되기 때문에, 실제 돌려받는 금액이 기대보다 훨씬 낮아질 수밖에 없다는 점입니다.

사회 초년생은 어떤 태도를 가져야 할까요?

금융기관이 내 자산을 지켜줄 것이라는 막연한 믿음보다는, 상품의 구조를 이해하고 나에게 정말 필요한 상품인지 스스로 판단하는 습관이 필요합니다. 그리고 꼭 기억해야 할 것은, 우리는 전문가가 아니라 고객이라는 사실입니다. 고객은 서비스를 받을 권리가 있고, 그에 합당한 설명을 요구할 수 있습니다.

"이 상품은 왜 필요한가요?", "비용 구조는 어떻게 되나요?", "예상 수익률은 현실적인가요?" 이런 질문을 당연하게 던지고, 답을 듣고 판단할 수 있어야 진짜 금융소비자가 되는 것입니다. 금융은 믿음보다 이해가 우선이에요.

경제 기초 개념 4
자산배분과 평균투자의 필요성

정보는 평등하지만, 해석은 여전히 불평등하다고요?

정보가 많아졌다고 해서, 모두가 똑같이 투자에 성공하는 건 아닙니다. 그 이유는 간단합니다. 중요한 건 정보 자체가 아니라, 정보를 해석하는 능력이기 때문입니다. 예를 들어, 같은 기업의 실적 발표를 봐도 어떤 사람은 "이 회사, 잘하고 있네"라고 해석하지만, 또 다른 사람은 "이건 시장 기대에 못 미치는데?"라고 판단하죠. 그 해석의 차이가 매수자와 매도자를 만들고, 그래서 거래가 이루어집니다.

정보는 유튜브 하나로도 충분할 수 있습니다. 하지만 그걸 어떻게 해석하고, 어떤 결정을 내릴지는 여전히 개인의 몫입니다. 투자를 시작한 사회 초년생이라면, 이제는 단순히 정보를 모으는 데 그치지 않고 정보를 보는 눈, 즉 해석력과 판단력을 키워야 할 시기입니다.

개인투자자는 왜 늘 손실을 볼까요?

개인투자자도 현실을 받아들이면 전략이 보입니다. 자주 들리는 질문 중 하나가 이거예요. "왜 개인투자자는 늘 손해를 보나요?"

그 이유는 단순하면서도 복합적입니다. 먼저, 정보를 접하는 속도 자체가 느립니다. 전문가나 기관은 이미 다 알고 있는 정보를 우리는 뉴스나 유튜브를 통해 뒤늦게 접하죠. 또 하나는 시간의 제약입니다. 개인은 투자가 본업이 아닙니다. 하루 종일 시세를 볼 수도 없고, 리포트를 분석할 시간도 없습니다. 반면에 기관투자자나 전업투자자는 그게 일이고 직업입니다. 정보, 시간, 자원 모든 면에서 개인이 불리한 구조인 거예요.

이런 현실을 인정하지 않고 자신만의 촉이나 감에 의존해서 투자하면 결국 손실이 생길 수밖에 없습니다. 이때 필요한 건 지나친 자신감보다 겸손한 전략입니다.

매매는 가격의 거래, 투자는 가치의 거래

투자를 제대로 이해하려면, 가장 먼저 투자와 매매를 구분할 줄 알아야 합니다. '매매'는 말 그대로 가격의 오르내림에 따라 사고파는 행위를 말해요. 단기적인 흐름에 반응하고, 빠른 판단과 실행이 중요하죠. 반면 '투자'는 중장기적으로 '가치'를 보는 접근입니다. 기업의 본질, 성장 가능성, 산업의 방향 등을 고려하며, 시간을 들여 결과를 기다리는 태도죠.

사회 초년생이라면, 일단 투자 중심의 관점을 갖는 것이 중요합니다. 직장 생활로 인하여 시간이 제한되어 있기 때문에, 시세에 따라 수시로 사고파는 매매는 오히려 큰 부담이 될 수 있어요. 그래서 매매보다는 투자를 해야 합니다.

투자 손실을 최소화하는 전략이 있나요?

사회 초년생이나 개인투자자가 투자 손실을 최소화할 수 있는 전략은 없을까요?

그 해답은 바로 자산배분과 분할매매를 통해 평균 수익을 추구하는 것입니다. 자산배분은 마치 밥상에 반찬을 고르게 담는 것과 비슷해요. 한 가지에만 모아놓으면 금방 질리기도 하고, 위험도 커지죠. 주식, 채권, 현금, 암호자산 등 다양한 자산군에 나눠 투자하는 것이 자산배분입니다.

그리고 분할매매는 불확실성이 큰 시대에 가장 현실적인 투자 방식입니다. 한 번에 매수하는 것이 아니라, 시간이나 가격을 나눠서 조금씩 매입하는 전략이죠. 그렇게 하면 결국엔 평균적인 매입 단가에 도달할 수 있습니다.

우리는 시장의 고점과 저점을 정확히 예측할 수 없습니다. 그래서 완벽한 타이밍보다는, 평균으로 수렴하는 전략을 선택하는 것이 훨씬 더 안전합니다.

평균 이하가 절반 이상이라고요?

"나는 남들보다 잘할 수 있어. 촉이 있으니까."

하지만 평균 이상이 되려면, 누군가는 반드시 평균 이하가 되어야 합니다. 모두가 평균 이상일 수는 없어요. 그게 평균이니까요.

투자를 시작하려 한다면, 자신을 평균적인 투자자로 여기는 것이 현명합니다. 그리고 '평균 수익률'이라는 현실적인 목표를 세워야 하죠. 예를 들어, 시장 지수에 투자하는 인덱스 펀드나 ETF를 적립식으로 매입하고, 폭락장에 대비해 일부 자금을 현금으로 보유하는 전략이 더 효과적일 수 있습니다. 다른 사람들이 두려워하는 시점이, 오히려 기회가 되는 순간이니까요.

사회 초년생이라면, 처음부터 정답을 맞히려고 애쓰기보다는 평균을 따르는 전략을 선택하고, 기회를 기다릴 줄 아는 인내심을 기르는 것이 중요합니다. 정보는 누구나 얻을 수 있지만, 그 정보를 해석하고 활용하는 태도는 사람마다 다릅니다. 생각해보세요. 주식시장에 참여하는 외국인, 기관투자가(법인), 전업투자자들 대부분 전문가입니다. 우리가 말하는 평균 수익률은 이들과 합쳐서 계산된 평균이죠. 그런 평균을 따라잡는 것만으로도, 사회 초년생이라면 충분히 잘하고 있는 것입니다.

마지막으로, 스스로에게 이렇게 자주 물어보세요. "나는 지금 내 수준에서 가장 적절한 전략을 쓰고 있는가?" 그리고 매달, 조금씩, 꾸준히 실천해 보세요. 그것이 결국, 투자의 가장 강력한 무기가 될 것입니다.

조금 더 알아보기

투자 전략과 투자 스타일

주식 투자를 시작하려면, 먼저 투자 전략과 투자 스타일을 이해하는 것이 중요해요. 이 두 가지를 알면, 나에게 맞는 투자 방법을 선택하는 데 큰 도움이 됩니다.

1. 투자 전략: 가치투자 vs 추세투자

가치투자는 기업이 가진 '진짜 가치'에 주목하는 방식입니다. 투자자는 재무제표, 실적, 배당, 성장 가능성 등 기업 자체를 꼼꼼히 살펴봅니다. 목표는 장기적으로 싸게 산 주식이 본래 가치만큼 오를 것이라는 믿음을 기반으로 투자하는 것이죠. 대표 인물로는, 가치투자의 아버지인 벤저민 그레이엄과 워런 버핏을 들 수 있어요.

- **벤저민 그레이엄**Benjamin Graham: '가치투자의 아버지'로 불리며, 안전마진 Margin of Safety 개념을 강조했습니다. 그는 "투자는 시장의 감정을 이용하는 것이 아니라, 기업의 실제 가치를 보는 것이다"라고 말했습니다.
- **워런 버핏**Warren Buffett: 그레이엄의 제자이자, '오마허의 현인'으로 불리는 버핏은 안정적인 기업을 골라 장기적으로 보유하며 큰 성과를 올린 가치투자의 대표적 인물입니다. "주식을 사는 것은 기업의 일부를 사는 것과 같다. 단기 시세에 흔들리지 말라"고 강조합니다.

예를 들어, A기업의 주가가 단기적으로 떨어졌지만, 매출과 성장성이 탄탄하다면 장기적 관점에서 매수하는 것이 바로 가치투자의 방식입니다.

반면, 추세투자는 주가가 오르거나 내리는 흐름 자체를 활용하는 전략입니다. 투자자는 주가 차트, 거래량, 이동평균선 등 다양한 지표와 패턴을 참고해 매수와 매도를 결정합니다. 쉽게 말해, 상승 추세일 때 진입하고, 하락 추세일 때 빠져나가는 방식이죠. 대표 인물로 '월가의 큰곰'이자 '추세매매의 아버지'로 불리는 제시 리버모어와 랠프 넬슨 엘리어트가 있습니다.

- **제시 리버모어**Jesse Livermore: '주식 시장의 천재'로 불리며, 시장의 흐름과 투자자의 심리를 읽어 단기적으로 큰 수익을 올렸습니다. 그는 "시장은 항상 옳다. 감정을 따라가지 말고 흐름을 따르라"고 말했습니다.
- **랠프 넬슨 엘리어트**Ralph Nelson Elliott: 파동이론Elliott Wave을 개발하여, 가격 움직임과 투자자 심리의 반복 패턴을 분석했습니다. 추세를 체계적으로 접근하는 방법을 제공했습니다.

예를 들어, B기업의 주가가 몇 주간 꾸준히 상승세라면, 추세투자자는 이 흐름을 활용해 단기 매수 후 상승세가 꺾일 때 매도합니다.

2. 투자 스타일: 시간 프레임별 접근

투자에 참여하는 시간과 기간에 따라 크게 세 가지로 구분할 수 있습니다.

- **스켈핑:** 몇 분에서 몇 시간 단위의 초단기 매매로, 뉴스 발표 직후 주가가 순간적으로 움직일 때 빠르게 사고파는 전략입니다. 집중력과 빠른 판단이 필요합니다.
- **스윙매매:** 며칠에서 몇 주 단위로 시장의 단기 흐름을 활용하여, 기업 실적 발표나 이벤트 직후 주가가 움직일 때 매수하고 며칠 뒤 매도하는 방식입니다.
- **장기투자:** 몇 달에서 몇 년 단위로 기업의 가치에 투자하며 안정적인 수익을 목표로 합니다. 가치투자와 자연스럽게 연결되며, 초년생에게 추천하는 방식입니다.

사회 초년생에게는 장기투자와 가치투자를 중심으로 시작하는 것이 안전합니다. 스윙매매나 추세추종 전략은 경험이 쌓인 뒤 보조 전략으로 활용하면 좋습니다.

CHAPTER 04

투자 규모 확대와 자산 형성

투자 재원의 시작과
투자의 끝

투자는 과학이 아니라 예술이며,
시장은 인간 심리의 집합이다.

✦조지 소로스✦

무슨 돈으로 투자해야 하나요?

사회 초년생이 투자를 시작할 때 가장 먼저 떠오르는 질문은 아마도 "무슨 돈으로 투자하지?"일 것입니다. 대부분은 월급, 즉 근로소득을 첫 투자 재원으로 생각합니다. 실제로 기성세대 역시 월급과 대출을 기반으로 자산을 형성해왔으니까요. 하지만 지금은 시대가 많이 달라졌습니다. 고용 구조는 유연해졌고, 정해진 틀 안에서만 수익을 기대하기엔 사회 전체의 변화 속도가 너무 빠릅니다. 고비용 사회에서, 직장이 투자할 만큼의 급여를 보장해주는 경우는 드뭅니다.

정시 출퇴근이 당연하던 시대는 지났고, 프리랜서나 N잡러라는 개념이 자연스러워졌습니다. 이런 변화 속에서 월급만으로 투자 재원을 마련하는 일은 갈수록 어려워지고 있어요.

프리랜서는 말 그대로 스스로 사업을 하는 것이고, 아르바이트는 소득이 불규칙합니다. 이런 상황에서 소득이 부족하다고 해서 아무것도 하지 않으면, 시간이 흘러도 자산은 그대로겠죠. 자산은 저절로 쌓이지 않습니다.

중요한 건, 작더라도 추가 소득을 만들기 위한 시도를 시작하는 것입니다. 이 시도는 부업일 수도 있고, 프로젝트 참여일 수도 있으며, 배달이나 크리에이터 활동이 될 수도 있습니다. 무엇이 되었든, 투자 재원을 만들기 위한 첫걸음을 떼는 것이 중요합니다.

현실적으로, 대부분의 사람은 소득이 부족합니다. 생활비로 빠듯한 월급에서 투자 여유자금을 만드는 일은 쉬운 일이 아니죠. 하지만 돈이 부족하기 때문에, 오히려 더 절박하게 돈을 불릴 방법을 찾아야 합니다.

1980년대에는 외벌이로도 가족을 부양할 수 있었지만, 지금은 맞벌이가 기본입니다. 심지어 N잡은 선택이 아니라 생존 전략이 되었습니다. 그렇다고 무작정 일을 늘리는 것이 정답이 아닙니다. 사회는 혼자 힘만으로 살아가는 곳이 아닙니다. 주변의 기회를 활용하고, 부모님이나 지인의 도움을 기회로 삼을 수도 있습니다. 부모님의 집을 담보로 대출을 받거나, 지인의 소개로 부업을 시작할 수도 있으며, 자료를 만들어 투자자를 직접 찾을 수도 있습니다. 물론 이런 기회가 없다면 더 어렵겠지만, 아무것도 하지 않으면 아무 일도 일어나지 않습니다. 나의 재산 형성을 도와줄 사람은, 결국 나 자신뿐입니다.

다소 오래전 이야기지만, 저는 1993년 삼성그룹에서 사회생활을 시작했습니다. 그 당시엔 7.4제—7시 출근, 4시 퇴근이었고, 퇴근 후에는 아르바이트를 했습니다. 강서구 신월동 기숙사에 살면서 부천으로 가서 돈을 벌었습니다. 2000년대에 들어서며 실무 강의와 동영상 강의가 본격화되었고. 주말에 16시간씩 강의한 적도 있습니다.

그 시절, 회사에서 받는 월급은 모두 투자에 사용했고, 생활비는 부수입으로 충당했습니다. 지금 이 책을 쓰는 일 역시, 어떻게 보면 직장과 병행하는 또 하나의 아르바이트지요. 요즘은 퇴근 시간이 좀 더 안정적이기 때문에, 사회 초년생들 입장에서는 자신의 취미나 특기를 살려 부수입을 창출하는 것이 충분히 가능합니다. 유튜브, SNS, 동호회 활용 등 세상에는 기회가 넘쳐납니다. 중요한 것은 소득이 적다는 것이 아니라, 그 상황에서 어떤 선택을 하느냐입니다. 투자 재원을 마련하기 위해 어떤 시도를 하고 있는지 고민하며 조금씩 실천해 보세요. 그것이 바로 자산 형성의 출발점이 될 것입니다.

소득을 키우는 가장 현실적인 방법은 무엇인가요?

사업가나 프리랜서처럼 결과에 따라 수입이 달라지는 구조라면, 시간과 노력이 수입에 바로 반영될 수 있습니다. 하지만 대부분 직장인은 연봉이라는 고정된 구조 안에서 일하죠. 그렇다면 투자 재원을 늘리기 위해 할 수 있는 가장 현실적인 방법은 하나입니다. 바로 연봉을 높이는 수밖에 없겠죠.

연봉을 높이려면 협상이 필요합니다. 그리고 협상을 하려면, 나만의 경쟁력이 뒷받침돼야 합니다. 물가가 올랐거나, 아이가 태어났다는 이유로 연봉을 올려달라고 할 수는 없습니다. 회사 입장에서 연봉은 직원이 이직하지 않도록 유지하는 최소한의 비용일 뿐이니까요.

결국, 연봉 인상 가능성은 업무 성과, 조직 내 필요성, 대체 불가능성에 달려 있습니다. 내가 회사에 꼭 필요한 사람일수록, 협상의 힘도 커집니다. 이 책에서 반복해서 강조하듯, 경제 공부에 시간을 쏟기 전에, 지금 내가 하는 일의 전문성과 효율을 높이는 데 집중해야 합니다.

왜일까요? 그게 바로 가장 빠르게 안정적으로 소득을 늘리는 방법이며, 투자 재원을 키우는 가장 현실적인 전략이기 때문입니다.

소득이 늘면 투자 전략도 바뀌어야 할까요?

사회 초년생이라면 언젠가는 연봉이 오를 것이고, 이직이나 승진 등을 통해 소득이 점점 증가하는 구간을 거치게 될 겁니다. 그렇다면 이런 질문이 생기죠.

"소득이 늘어나면, 그에 맞춰 투자 전략이나 자산 비율도 바꿔야 할까요?"

이론적으로는 당연히 투자 전략을 조정해야 합니다. 예를 들어, 소득이 늘면 위험을 감내할 여력이 생기기 때문에, 더 공격적인 자산(예: 주식, 암호자산 등)에 배분을 늘릴 수 있는 상황이 됩니다.

하지만 실전에서는 그렇게 간단하지 않습니다. 사람 마음이란 게 그렇죠. '소득이 늘었으니, 이젠 더 투자해도 되겠지' 이렇게 생각해도 막상 주식이 떨어지면 겁이 나고, 반대로 너무 오르면 '지금이라도 뛰어들어야 하나?' 하는 조급함이 생깁니다.

우리가 기억해야 할 사실은, 예상은 자주 틀린다는 겁니다. 예를 들어 "이 종목, 지금이 바닥이다!"라고 판단해 큰맘 먹고 투자했는데, 다음 날부터 계속 하락하기도 하고, 손절하고 나니 바로 반등하는 일도 흔하죠. 주식시장에서는 이런 일이 워낙 많기 때문에, 머피의 법칙이 유독 잘 작동하는 곳처럼 느껴질 정도입니다.

그래서 제안하는 전략은 단순합니다. **처음에 정한 암호자산이나 주식 비율을 크게 바꾸지 말고 꾸준히 유지하세요.** 특히 암호자산은 변동성이 크기 때문에, 일희일비하지 말고 장기적으로 보유하는 것이 적합합니다. 단, **소득이 늘어나면 예·적금처럼 유동성이 높은 자산의 비율을 조금 줄이고, 투자자산의 총액을 늘리는 방식이 좋습니다.**

즉, 비율보다는 투자 규모 자체를 늘리는 것이 더 합리적입니다. 예를 들어, 처음에는 월급의 20%만 투자했다면, 소득이 늘어난 뒤에는 30~40%까지 늘려도 됩니다. 단, 이때도 본인의 소비 성향, 생활비, 비상금 등은 꼭 고려해야 합니다. 투자는 지속 가능성이 중요하니까요.

투자의 끝은 부동산일까요?

디지털 전환 시대에 시멘트로 지어진 아파트가 계속해서 부와 신분의 상징일 수 있을까요? 이제는 비트코인, 글로벌 주식, 혹은 디지털 자산이 새로운 상징이 되고 있는 시대입니다.

물론 한국 사회에서 부동산이 단순한 '주거'가 아닌 '사회적 신분'처럼 여겨지는 건 현실입니다. 그래서 많은 사회 초년생이 "나도 언젠가는 강남에 아파트 한 채는 가져야지"라는 목표를 품습니다. 하지만 지금의 부동산 시장은 가격 자체가 너무 높고, 규제와 대출 조건도 까다로우며, 진입장벽이 매우 높습니다. 현실적으로는 단순히 월급을 모아서 집을 사는 것은 거의 불가능에 가깝습니다. 그렇다고 '불가능'은 아닙니다.

다만, 그 목표를 이루려면 전략적인 투자, 기회의 포착, 장기적인 준비, 그리고 때로는 부모님의 도움, 이 모두가 복합적으로 작용해야만 가능한 일입니다.

정리하자면, 사회 초년생에게 지금 꼭 하고 싶은 말은, 부동산에 대한 조급한 집착을 내려놓으라는 것입니다. 집은 사기buy 위한 것이 아니라 살기Live 위한 것입니다. 집에서 내가 바라보는 풍경이 중요한 것이지, 남들이 내 집을 어떻게 보는가는 중요하지 않습니다.

지금은 부동산을 고민할 시기가 아니라, 금융시장을 이해하고, 나에게 맞는 전략으로 자산을 조금씩 쌓아갈 시기입니다. 현실적으로 접근 가능한 자산부터 시작해 자산을 늘려 나가야 합니다. 그리고 시간이 지나면, 청약이나 급매물, 경매 등을 활용해 내 집 마련의 현실적인 기회를 잡을 수 있습니다.

자산 포트폴리오

주식과 암호자산

자산이 생기면 어떻게 관리할까요?

투자를 시작하려면, 먼저 투자 재원이 있다는 가정에서 출발해야 합니다. 아직 없다면? 적은 돈으로 시작하면 됩니다.

투자는 남에게 보여주는 게 아니라, 내 삶을 위한 것입니다. 투자금이 적을수록 속도보다는 방향, 그리고 자산 구성과 비율에 대한 감각을 먼저 익히는 게 중요합니다.

자산이 생겼다면, 이제 두 축으로 나눠 관리해야 합니다. 바로 유동성 자산과 투자 자산입니다. 이 둘은 목적이 완전히 다릅니다. 유동성 자산은 수익보다 현금화 가능성이 중요한 자산입니다. 예금, 적금, CMA 등 수익률이 확정된 금융상품이 여기에 해당합니다. 예를 들어 볼게요. 갑자기 회사를 그만두게 됐거나, 부모님이 아프셔서 병원비가 급하게 필요한 상황이라면? 이럴 땐 주식도, 코인도, 부동산도 소용없습니다. 당장 꺼내 쓸 수 있는 현금 자산이 있어야 합니다. 그래서 유동성 자산은 투자보다 우선입니다.

기본적으로는 전체 자산의 50%는 언제든 꺼낼 수 있는 돈으로 남겨두는 것이 좋습니다. 이것이 심리적 안정감을 주고, 위기 상황에서도 투자 자산을 지키는 힘이 됩니다. 물론 이 비율은 개인의 상황에 따라 유연하게 조정할 수 있어요. 예를 들어, 주식이 급등해서 전체 자산 중 투자 비중이 70%가 됐다면, 일부를 정리해서 유동성 자산으로 옮기는 것도 방법입니다.

단, 자산 가격의 등락에 민감하게 반응할 필요는 없습니다. 단기 급등은 대개 과열 신호일 수 있으니, 크게 변동이 없는 한 굳이 매번 조정할 필요는 없습니다. 1년에 한 번, 혹은 반기에 한 번 자산 상태를 점검하고 조정하는 정도면 충분합니다.

투자 자산의 구성은 어떻게 할까요?

이제 본격적으로, 투자 자산의 구성 비율에 대해 이야기해볼게요. 사회 초년생 입장에서 현실적으로 투자 가능한 자산은 크게 두 가지, 바로 주식과 암호자산입니다. 부동산은 초기 자금과 대출 조건 등 진입장벽이 높기 때문에, 자산이 어느 정도 형성된 이후에 도전할 수 있는 영역이죠.

가장 간단한 출발점은 "주식 50%, 암호자산 50%"입니다. 물론 이건 정답이 아니라, 기본값일 뿐입니다. 비중은 본인의 성향에 따라 달라질 수 있어요. 예를 들어, '암호자산은 아직 불안하다'는 생각이 든다면, 주식 70%, 암호자산 30%도 괜찮습니다. 반대로 "오히려 법정화폐가 더 불안하다"는 입장이라면, 암호자산 비중을 더 높이는 것도 가능합니다. 중요한 건, 시장에 대한 내 신념과 감정의 무게를 반영해 구성하는 겁니다.

주식에 투자할 때는 먼저 투자 대상 국가를 정하세요. 국가마다 시장 환경, 환율, 규제, 성장률 등이 다르기 때문이에요. 초보자라면 미국, 한국, 중국 정도에서 시작하세요. 혹은 인도시장도 장기적으로는 유망하다는 의견이 많으니 검토해 볼 만합니다. 다만 투자 대상 국가가 많아질수록 정보 탐색과 관리가 어려워지기 때문에, 직장생활과 병행한다면 처음에는 1~2개 시장에 집중하는 게 효율적입니다. 시간은 곧 자원이에요.

주식자산으로 펀드와 ETF를 해도 될까요?

주식 외에 ETF나 펀드를 활용하는 것도 좋은 방법입니다. ETF는 상장지수펀드로, 대표 주가지수를 추종하면서도 주식처럼 사고팔 수 있어 접근이 쉬운 편입니다. 요즘엔 S&P 500, 나스닥100, 코스피200 등 다양한 지수를 추종하면서도 주식처럼 쉽게 사고팔 수 있기 때문에, 개별 종목을 고르기 어려운 초보 투자자에게 적합한 방식이죠.

펀드는 전문 운용사가 관리하는 금융상품이에요. 직접 종목을 고르지 않아도 되지만, 대신 수수료가 다소 높은 편이라는 단점이 있어요. ETF는 상대적으로 수수료가 낮고, 실시간으로 매매가 가능하다는 장점이 있어요.

물론 어떤 상품이든 너무 많은 시간과 에너지를 들여 복잡한 테마형 상품이나 변칙 구조 펀드를 분석하는 건 오히려 비효율일 수 있어요. 사회 초년생이라면 기본적인 지역별 ETF나 대표 지수 펀드 정도면 충분합니다.

예를 들어, 다음과 같은 방식으로 투자 자산을 구성해 볼 수 있어요.

✓ **한국 주식 ETF 20%: 코스피200 등 대표 지수 추종**

✓ **미국 주식 ETF 20%: S&P 500, 나스닥100**

✓ **암호자산 50%: 비트코인 35%, 이더리움 15%**

✓ **나머지 10%: 삼성전자, 애플 등 장기 유망 종목 소액 보유**

이렇게 구성하면, 투자 공부에 드는 시간은 최소화하면서도 안정적인 분산 포트폴리오를 가질 수 있습니다. 게다가 한국과 미국의 주식시장, 그리고 비트코인과 이더리움이라는 주요 자산에 자연스럽게 노출되기 때문에, 시간이 흐를수록 시장에 대한 이해도도 자연스럽게 쌓이게 됩니다.

개별 종목(일등주)에 대한 투자는 깊이 있는 기업 분석도 중요하지만, 경우에 따라서는 미래에 대한 감이나 본인의 확신이 더 중요할 수도 있습니다. 예를 들어, "나는 앞으로도 아이폰을 계속 쓸 것 같다"는 직관이 애플 투자로 이어질 수 있겠죠.

처음에는 종종 이런 생각이 들 수 있어요. "비트코인이 1개에 약 1억

6,000만 원이나 되는데, 내가 0.0003개만 사는 게 무슨 의미가 있을까?", "삼성전자 주식도 20주가 아니라 0.2주밖에 못 사는데, 이게 무슨 투자야?"

하지만 투자에서 중요한 건 보유 수량이 아니라 금액입니다. 0.0003개의 비트코인을 사든, 0.2주의 주식을 사든 투자는 시작하는 그 순간부터 의미를 갖습니다. 수입이 생길 때마다, 금액 단위로 꾸준히 쌓아가다 보면 어느새 그 자산은 크고 단단하게 성장해 있을 거예요.

모든 자산에 투자해야 할까요?

금융시장에서 선택할 수 있는 자산은 무수히 많습니다. 매일 새로운 상품이 나오고, 어떤 자산은 갑자기 핫해졌다가 금세 사라지기도 합니다. 하지만 사회 초년생에게 중요한 것은 모두 다 아는 것이 아니라 선택과 집중입니다.

지금 나에게 돈이 많지 않다면, 가장 신뢰할 수 있고, 오래 가져갈 수 있는 자산부터 시작하는 것이 맞습니다. 예를 들어, 책을 좋아한다고 해서 서점에 있는 모든 책을 읽을 수는 없습니다. 하지만 꼭 읽어야 할 책 몇 권만 제대로 읽어도, 그 사람의 지식은 충분히 단단해질 수 있죠. 투자도 마찬가지입니다. ETF 몇 개, 대표 종목 몇 개, 그리고 시장 전체의 흐름(방향성)만 파악해도 나를 위한 투자는 충분히 가능합니다.

필요하다면 투자 비중을 조절할 수도 있고, 6개월마다 리밸런싱도

가능합니다. 중요한 건 성실하게, 그리고 나를 중심으로 판단하는 것입니다. "돈이 어디로 가는지를 아는 것", 이것이 진짜 자산관리의 출발입니다.

연금저축

노후를 위한 투자

연금저축도 들어야 하나요?

연금저축은 단순히 돈을 모으는 금융상품이 아닙니다. 지금은 젊고 일할 수 있지만, 언젠가는 일을 그만두는 시점이 오고, 그때부터는 모아둔 자산이 나의 '월급'이 되어야 하죠. 그래서 연금저축은 단순한 예금이 아니라, 노후를 위한 대표적인 장기 투자 수단으로 이해하고 접근해야 합니다. 퇴직 이후의 월급을 만드는 과정인 셈입니다.

많은 사람이 연금저축을 단순히 세금 혜택 때문에 가입하지만, 가입 후엔 그저 이자가 조금 붙는 예금에 넣어두는 경우가 많습니다. 그러나 진짜 중요한 건, 연금저축을 투자 자산으로 활용하는 것입니다.

만약 당신이 지금 25살이라면, 60세까지 무려 35년이라는 시간이 남아 있죠. 이 시간을 매달 조금씩 투자에 활용한다면, 복리의 힘으로 자산을 크게 키울 수 있어요. 예를 들어, 매달 20만 원씩 30년 동안 투자하면 원금은 7,200만 원이지만 연평균 수익률이 5%만 되어도 약 1억 6,000만 원 이상으로 불어날 수 있습니다.

하지만 이걸 단순 예금으로만 쌓는다면 어떨까요? 물가 상승률조차 따라가지 못할 수 있습니다. 즉, 연금저축은 원금 보존보다 수익률 방어가 더 중요한 상품입니다.

김지혜 씨 같은 사회 초년생이라면 ISA(개인종합자산관리계좌)와 IRP(개인형 퇴직연금)도 함께 나누어 활용해야 합니다. 세제 혜택이 있는 한도 내에서 본인의 소득과 자산 규모에 맞춰 분산 투자하는 전략이 필요합니다. 단, 세액공제 한도는 의무 납입 금액이 아니라 혜택을 받는 최대 금액이라는 점도 기억해두세요. 가능한 범위 내에서만 활용해도 충분합니다.

ISA나 IRP 계좌에서는 비트코인 같은 암호자산이나 개별 미국 주식을 직접 거래할 수 없습니다. 따라서, 이 자산군에 투자하려면 별도의 증권계좌가 필요해요. 포인트는 단 하나입니다. 자산을 나누고, 계좌별 목적을 분명히 하라는 것.

✓ **연금저축: 장기투자 및 노후 자산**

✓ **일반 증권 계좌: 단기~중기 투자 자산**

✓ **예적금, CMA: 유동성 자산**

이런 식으로 자산을 구분하면, 투자도 훨씬 명확해집니다.

배낭여행을 떠날 때도 짐을 챙기고, 항공권을 예약하고, 동선까지 계획하죠. 그보다 훨씬 긴 여정인 인생에도 준비가 필요합니다. 연금저축은 그 준비의 출발점입니다. 지금은 멀게 느껴질 수 있지만, 노후는 반드시 옵니다. 그리고 그때의 경제력은 오늘의 내가 만들어갑니다.

결국 연금은 나를 지키는 방패입니다

지금의 수입만으로는, 노후를 온전히 대비하기 어려워요. 하지만 연금저축은 단순히 노후 준비 그 이상의 의미를 가집니다. 연금저축은 경제적 자존감을 지키는 방패이자, 미래의 나에게 보내는 투자지요.

연금저축이라는 도구는, 당장의 수익보다도 시간과 복리의 힘을 활용한 자산 형성에 핵심이 있어요. 세금 혜택은 말 그대로 덤입니다. 진짜 목표는, 일을 그만둔 이후에도 경제적으로도 스스로를 지킬 수 있는 자산을 만드는 것입니다.

대한민국은 이미 고령화 사회를 넘어 초고령 사회로 향하고 있습니다. 직장 생활 30년, 그리고 노후 30~50년이 이어질 수 있는 세상입니다. 그 긴 시간 동안 누구보다 확실하게 나를 지켜줄 수 있는 것은, 다름 아닌 지금부터 준비하는 것이에요.

정리하자면 **연금은 단순한 금융상품이 아니라 내 삶을 지키는 방패입니다. 지금의 소득 일부로 미래를 준비하는 습관이 가장 현실적인 자산 형성 전략이에요.** 연금저축을 활용해 노후의 경제적 자립과 존엄을 지켜내세요.

평범한 직장인도 30년 후엔 부자가 될 수 있다고요?

월급만으로 자산을 모을 수 있을까요?

월급만으로는 생계를 유지할 수는 있어도 경제적 여유를 갖거나 부자가 되기는 어렵습니다.

많은 사람이 착각하는 게 하나 있어요. 지금의 50~60대, 흔히 '기득권'이라고 불리는 세대가 자산을 쉽게 형성했다고 생각하는 거예요. 하지만 그들도 당시에는 지금과 마찬가지로 불확실한 미래 속에서, 높은 금리와 낮은 소득을 감내하며 삶을 살아냈습니다.

그들의 자산 형성은 단순히 시대를 잘 만난 운이라기보다 긴 시간 동안의 누적과 인내의 결과였습니다. 저 역시 20번 가까이 이직을 했습니다. 여러 회사를 거치고 다양한 삶을 겪어보며, 한 가지는 확실히 알게 됐습니다. 자주 이직하지 말고, 한 곳에서 오래 일하는 것이 자산 형성에 있어 가장 유리하다는 사실입니다. 요즘은 커리어에 따라 여러 번 직장을 옮기는 경우도 많지만, 너무 잦은 이직은 퇴직금을 날리고, 자산이 쌓일 기회를 스스로 놓치는 일이 되기 쉽습니다.

부모님 세대엔 투자가 더 쉽지 않았나요?

지금보다 30년 전, 그러니까 1990년대에 집값이 저렴했다고는 하지만, 그 당시의 월급과 대출이자율을 감안하면 그때도 쉬운 결정은 아니었습니다. 당시 대기업 직장인의 연봉이 약 2,000만 원이었는데, 서울 아파트 한 채가 2억 원 수준이었어요. 주택 구입을 위해 1억 원을 대출받으면, 이자율 15%였기 때문에 1년에 이자로만 1,500만 원이 필요했습니다. 결국, 연봉의 대부분이 은행 이자로 사라졌죠.

1975년 압구정 현대아파트 분양가를 보면, 60평형 기준 1,680만 원 수준이었습니다. 당시 은행 금리는 무려 연 16%, 그리고 공무원의 평균 월급은 약 4만 원 정도였지요. 월급 4만 원으로 계약금 500만 원 모으는 것도 힘들었고, 대출로 1,000만 원을 받더라도, 1년치 이자만으로 공무원 평균 연봉 3년치 이상을 납부해야 했습니다. 결국, 평범한 직장인의 내 집 마련은 언제나 큰 고민거리였고, 위험을 감수해야만 가능한 일이었습니다.

그 시절 사람들도 지금처럼 자산이 크게 오를 거라는 확신이 없었어요. 그래서 '투자'란, 정말 불확실한 미래에 내 돈을 건다는 것이었죠. 지금의 사회 초년생들이 느끼는 불안함과 크게 다르지 않았던 셈입니다.

기다림 없이 자산은 만들어지지 않는다고요?

자산을 만든다는 건, 단순히 모으면 생긴다는 개념이 아니에요. 기다림, 고민, 그리고 타이밍에 대한 감각이 함께 따라와야 합니다. 누구나 힘듭니다. 내 또래 친구들은 어떻게 저렇게 돈을 잘 모으는 걸까, 부모님이 도와주나, 나는 왜 이렇게 팍팍할까… 이런 생각이 들 수도 있어요. 그런데 대부분은 말을 안 할 뿐, 다들 힘들게 살고 있어요.

누군가는 야근을 하고, 누군가는 주말에 부업을 뛰고, 또 누군가는 대출을 감당하면서 집을 샀겠죠. 그래서 사회 초년생이 제일 먼저 받아들여야 할 사실은 이것입니다.

"월급만으로는 자산을 만들기 어렵다."

이건 절망적인 말이 아니라 현실적인 말이에요. 그리고 이걸 받아들여야 비로소 자산을 만들 방법이 보이기 시작합니다.

거듭 말하지만, 투자는 단거리 달리기가 아니라 마라톤입니다. 자산은 어느 날 갑자기 생기지 않습니다. 매달 조금씩 모으고, 조금씩 공부하고, 때로는 기다리며 감내하면서 만들어지는 거예요. 사회 초년생에게 중요한 건, "내가 지금 월급만으로는 자산을 만들 수 없다"는 현실을 받아들이고, 그 대신 기회가 왔을 때 놓치지 않을 준비를 해두는 것입니다. 자산 형성의 기회도 기다리는 사람의 편입니다. 그러니 지금은 너무 조급해하지 말고, 천천히 우리의 자산이 쌓일 공간을 만들어가 봅시다.

직장인보다 사업가를 해야 할까요?

직장인과 사업가의 가장 큰 차이는 뭘까요?

'시간을 어디까지 포기할 수 있느냐'에 대한 질문입니다. 직장인은 정해진 시간에 일합니다. 물론 야근도 있고, 주말 근무도 있지만 기본적으로 근무시간 외의 삶이 존재합니다.

그런데 사업가는 다릅니다. 시간 전체를 사업에 투자해야 합니다. 하루 24시간이 전부 일로 채워지는 거죠.

저 역시 잠시 회사를 나와 사업을 시도한 적이 있습니다. 말 그대로 주말이 없었고, 가족과 함께하는 시간도 없었습니다. 일은 매일 끝이 없었죠. 그나마 사업이 안정되면 여유가 생기겠지만, 그 전까지는 내 시간과 체력을 온전히 갈아 넣어야 합니다.

예를 들어, 한 집 건너 하나쯤 있는 편의점, 사업일까요? 혹시 본사에 투자하고 성과급을 받는, 직장인에 가까운 구조는 아닐까요? 고용 조건이 악화된 직장인과 유사한 경우가 비일비재합니다. 투자금을 내고, 사장님이 직접 매장을 관리하며, 심지어 가족들까지 동원되어 운영하는 편의점도 많습니다.

사업은 단순한 선택이 아니라, 나의 돈과 시간을 모두 투자해야 하는 영역임을 잊지 마세요.

사업에서 아이템보다 중요한 게 있다고요?

'좋은 아이템 하나만 있으면 창업할 수 있다'는 이야기를 믿는 사람이 꽤 많습니다. 하지만 현실은 전혀 다릅니다. 사업에서 정말 중요한 건 아이템이 아니라 '운영 능력'입니다. 그 안에는 다음과 같은 요소들이 포함됩니다.

- ✓ **자금 운영과 회계 관리**
- ✓ **고객 응대 및 클레임 대응**
- ✓ **직원 고용, 팀 관리, 아르바이트 스케줄 조정**
- ✓ **공간 임대, 세금 신고, 마케팅 계획 수립**

즉, 사업이란 단순한 아이디어나 열정만으로 되는 일이 아니에요. 하루하루의 운영을 감당할 능력과 체력, 그리고 스트레스를 관리할 수 있는 정신력이 필요하죠.

특히, 레버리지를 활용하지 못하는 사업은 시작 자체가 어렵습니다. 본인의 자산만으로 창업한다면 사업 확장에 한계가 있습니다. 반대로, 외부 투자자들의 자금을 유치하는 경우에는 투자자의 자산을 보호해야 한다는 책임이 추가로 따릅니다.

사업은 성공했을 때 얻을 보상만큼, 실패 시 발생할 수 있는 금전적 손실과 사회적 신뢰의 상실도 함께 고려해야 합니다. 결국 사업가는 성과와 위험, 이 두 가지를 모두 감당할 수 있어야 합니다.

소상공인의 현실, 그리고 냉정한 조언

소상공인 창업의 성공 확률은 예전보다 훨씬 더 낮아졌어요. 그 이유는 사회 전체가 성장에서 정체와 양극화로 흐르고 있기 때문입니다. 프랜차이즈 커피숍, 샌드위치 가게, 도넛집, 스터디카페… 어디에서나 볼 수 있는 이런 업종에 사회 초년생들이 뛰어드는 경우가 많습니다. 하지만 이들 대부분은 임대료, 인건비, 홍보비, 이자 비용에 허덕이다 1~2년 안에 문을 닫는 경우가 허다하죠.

언론이나 유튜브에 나오는 성공 창업 스토리는 로또 당첨 후기처럼 가볍게 바라보는 편이 마음이 편합니다. 물론 자영업으로 큰돈을 벌 수 있는 사람도 있습니다. 하지만 그만큼의 시간, 체력, 인내심, 자본, 그리고 운이 필요합니다. 그리고 무엇보다도, 소비자에게 꾸준히 필요한 것을 팔 수 있어야 하죠. 예를 들어, 10평짜리 샌드위치 가게를 운영한다고 해봅시다. 하루 인건비 10만 원, 임대료 100만 원, 여기에

재료비, 공과금, 세금 등도 더해집니다. 이 모든 비용을 제하고도 하루에 30만 원 이상의 순매출을 꾸준히 유지해야 사업이 유지될 수 있습니다. 이건 결코 쉬운 일이 아닙니다.

실패한 사람들도 살펴보라고요?

우리는 뉴스나 유튜브에서 창업으로 대박난 사람들의 이야기를 자주 접합니다. 하지만 그것은 현실의 아주 일부일 뿐이죠. 대부분의 사업은 성공보다 실패의 확률이 훨씬 더 높습니다. 특히 소자본 창업의 경우, 한 번의 실패로 전 재산을 잃는 것은 물론, 미래의 시간까지 빚으로 묶일 수 있는 리스크도 존재합니다.

빚을 지고 시작한 사업이 무너질 경우, 단지 돈을 잃는 것이 아니라 앞으로 몇 년간의 시간과 선택지까지 잃게 되는 일이 벌어질 수 있습니다.

그리고 꼭 기억해야 할 것이 있습니다. **사업은 고작 정부 지원만으로 할 수 있는 만만한 부업이 아닙니다.** 물론 정부의 창업지원금, 청년창업정책, 소상공인 대출 등이 존재하지만, 그것만으로 지속 가능한 사업을 만든다는 것은 착각입니다.

사업을 하더라도 놓치지 말아야 할 것은?

사업을 시작하면 시간과 정신적 여유가 부족해, 투자에 할애할 여력이 사라지는 경우도 많습니다. 하지만 그렇다고 해서 자산관리를 완전히 손 놓아서는 안 됩니다. 오히려 사업을 하면서 투자는 효율적이고 단순한 시스템으로 설계해두는 것이 바람직합니다.

예를 들어, 적립식 인덱스 ETF 투자나, 일정 비율 자동이체 방식의 포트폴리오 투자 등은 사업 중에도 비교적 손이 덜 가는 투자법입니다.

현실적인 결론은, 사회 초년생이 창업이나 사업을 고민하고 있다면, 다음의 질문을 통해 스스로 점검해보길 바랍니다.

- ✓ **시간 전체를 투입할 준비가 되어 있는가?**
- ✓ **리스크를 감당할 체력과 여유 자산이 있는가?**
- ✓ **회계, 마케팅, 인력관리 등 운영 능력에 대한 학습이 되어 있는가?**
- ✓ **투자와 자산관리를 별도의 시스템으로 유지할 수 있는가?**

만약 위 질문 중 대부분 '아직은 자신 없다'는 생각이 든다면, 사업은 조금 더 기다려야 할 선택지일 수 있습니다. 그동안은 직장인으로서 자산을 쌓고, 작지만 꾸준한 투자 습관을 유지하면서 다음 기회를 준비하는 것이 더 안정적인 전략일 수 있습니다.

조금 더 알아보기

주가와 시가총액의 차이점

주식 투자를 시작하다 보면 흔히 주가와 시가총액이라는 단어를 접하게 됩니다. 둘 다 주식과 관련이 있지만, 의미와 활용 방법이 다릅니다.

1. 주가: 한 주당 가격

주가는 말 그대로 한 주의 가격을 뜻합니다.

예 삼성전자 주가가 11만 원이면, 삼성전자 한 주를 사려면 11만 원이 필요합니다.

주가는 기업의 가치 전체를 반영한 절대적 지표가 아니라, 시장에서 현재 사람들이 매수·매도하는 가격을 보여주는 신호입니다.

주가만 보면 "이 주식이 비싸다, 싸다"를 판단하기 어렵습니다. 예를 들어, 주식 수가 많으면 주가는 낮아도 실제 기업 가치는 클 수 있습니다.

2. 시가총액: 회사 전체 가치

시가총액은 주가 × 발행 주식 수로 계산됩니다.

즉, 한 회사의 모든 주식을 다 사려면 얼마나 필요한지를 보여주는 지표입니다.

예 삼성전자의 주가가 11만 원이고, 발행 주식 수가 60억 주라면 시가총액은 11만 × 60억 = 660조 원입니다.

시가총액이 크면 그 회사는 시장에서 큰 기업으로 안정성이 높을 가능성이 있고, 작으면 상대적으로 위험이 크거나 성장 가능성이 있는 기업으로 볼 수 있습니다.

3. 주가와 시가총액, 투자 관점에서 보는 법

- **주가만 보는 습관**: "한 주가 10만 원이니까 비싸다/싸다"처럼 판단하면 위험합니다. 발행 주식 수가 다르면 의미가 달라지니까요.
- **시가총액을 함께 보면**: 회사 규모와 투자 위험, 성장 가능성을 파악하는 데 도움이 됩니다.
- **대형주**: 안정적, 배당 기대 가능, 변동성 낮아요.
- **중소형주**: 변동성 크지만 성장 가능성 낮아요.

사회 초년생은 처음에는 시가총액 기준으로 투자 규모와 위험을 감안하고, 주가는 참고 정도로 보는 게 안전합니다.

CHAPTER 05

투자할 때 반드시 알아야 할 3가지

세금, 대출, 보험

다른 사람이 탐욕을 부릴 때 두려워하고,
다른 사람이 두려워할 때 탐욕을 부려라.

✦워런 버핏✦

세금도 관리해야 한다고요?

투자를 시작하면 가장 먼저 마주하게 되는 친구가 바로 세금입니다. 처음에는 무심코 지나치기 쉬운 존재지만, 실제로 돈을 벌기 시작하면 그 존재감이 크게 느껴지죠. 그만큼 세금은 투자와 떼려야 뗄 수 없는 관계입니다. 투자로 수익이 생기면, 그 일부를 세금으로 납부하는 것은 자연스러운 일입니다.

그렇다면 세금은 무조건 나쁜 걸까요? 절대 그렇지 않습니다. 오히려 세금을 낸다는 건 수익이 발생했다는 긍정적인 신호입니다. 예를 들어, 사회생활을 시작한 지 몇 년이 지나도 낼 세금이 없다면, 그건 투자든 근로든 소득이 없다는 뜻일 수도 있습니다. 그 자체로 오히려 슬픈 현실일 수 있죠.

그렇다고 해서 세금을 무조건 다 낼 필요는 없습니다. 우리에게는 합법적인 절세 전략이 있죠. 예를 들어, ISA나 IRP 같은 세제 혜택 금융상품을 활용하면 소득공제나 **세금 이연**♣ 등의 절세 효과를 누릴 수 있습니다. 같은 수익이라면 세금을 덜 내는 쪽이 더 현명한 선택이겠죠. 또 한 가지 중요한 점은, 금융상품을 비교할 때 세전 수익률이 아니라 '세후 수익률'을 기준으로 살펴봐야 해요. 많은 사람이 이 부분을 놓치고 선택의 오류를 겪곤 합니다.

세금 이연: 세금을 천천히 내는 것.

사회 초년생에게 세금은 어렵고, 멀게 느껴질 수 있습니다. 하지만 사실상 투자의 가장 가까운 친구이자, 반드시 함께 가야 할 동반자입니다. 숨기지도 말고, 피하지도 말고, 적극적으로 이해하고, 전략적으로 활용하는 자세가 필요합니다.

대출은 자산 형성에 필요한 레버리지의 수단

투자의 또 다른 중요한 친구는 대출입니다. 대출 없이 자산을 형성하려 한다면, 지나치게 긴 시간을 기다려야 하거나, 좋은 투자 기회를 놓치기 쉬워요. 대출은 자산 형성이라는 건물을 짓는 데 필요한 주춧돌 같은 존재죠. 소득과 저축만으로 자산을 늘리는 데 한계가 있기 때문입니다. 특히 초기 자금이 많이 필요한 부동산 같은 자산에 접근하려면 대출은 필수입니다.

하지만 대출은 기회이자 리스크를 동반합니다. 이자를 반드시 상환

해야 하기 때문이죠. 예를 들어, 집을 매입하면서 1억 원을 연 5% 이율로 빌려서 3년간 보유하면, 총 이자 부담은 약 1,500만 원, 원리금을 합치면 1억 1,500만 원이 됩니다. 또 다른 예로, 뉴스에서 나오는 주택대출의 한도인 6억 원을 연 4% 이율로 대출받아 10년간 이자를 납부한다면, 총 이자만 2억 4,000만 원에 달합니다. 이처럼 대출을 활용할 땐, 단순 수익이 아니라 수익률-이자율-세금까지 함께 고려해야 합니다.

예를 들어, 연 5% 이자율로 자금을 빌리고, 연 5% 수익률을 냈다고 해도 겉보기엔 손해는 없어 보이지만, 실제로는 세금 때문에 손해일 수 있습니다. 대출이자에는 세금이 붙지 않지만, 수익에는 세금이 부과되기 때문이죠.

따라서 차입금보다 높은 수익률을 확신할 수 있을 때만 대출을 활용해야 합니다. 이것이 바로 레버리지 투자의 기본 원칙입니다. 사회초년생에게 대출은 신중하게 접근해야 할 대상이지만, 무조건 피해야 할 대상은 아닙니다. 오히려 잘 활용하면 자산을 빠르게 쌓아가는 가속 장치가 될 수 있습니다. 단, 그 가속도가 나를 지배하지 않도록 조절하는 힘이 필요합니다.

자동차를 운전할 때 가속 페달은 속도를 올리는 기능이지만, 속도가 지나치면 과속이 되고 결국 사고로 이어질 수 있습니다. 투자에서의 대출도 마찬가지입니다. 현실적으로 사회 초년생이 처음 접근할 수 있는 대출은 마이너스 통장 대출 정도일 것입니다. 이 역시 소득 기반의 신용 한도 안에서 이루어지기 때문에 무리하지 않는 선에서 활용할 수 있죠.

하지만 자산이 조금씩 쌓이고, 더 큰 투자 기회를 고민하게 되면, 그때는 본격적으로 대출을 전략적으로 활용할 준비가 필요하지요. 그러니 지금은 대출은 나쁜 것이 아니라, 잘만 활용하면 자산 형성에 큰 도움이 되는 수단이라는 인식을 갖는 것이 중요합니다.

보험은 왜 들어야 할까요?

마지막 친구는 보험입니다. 많은 사람이 보험을 투자상품처럼 여기지만, 보험은 어디까지나 '위험을 관리하는 수단'입니다. 수익을 기대하고 가입한다면 실망할 수밖에 없죠.

보험의 본질은 예상치 못한 사고나 질병으로부터 나와 가족을 지키는 데 있습니다. 큰 사고나 질병이 발생했을 때 감당할 수 없는 경제적 손실을 막기 위해 가입하는 것이 보험입니다. 특히 사회 초년생처럼 자산이 적고 여유자금이 부족한 사람일수록 보험의 역할은 더 중요합니다.

그런데 보험회사는 공공기관도 복지단체도 아닙니다. 하나의 기업으로서 직원들에게 급여를 지급하고, 주주에게 이익도 배당해야 합니다. 따라서 보험상품은 가입자 모두가 이득을 보는 구조로 설계되지 않습니다. 평균적으로 사람들이 낸 보험료보다 적은 보험금을 받게 마련이고, 가입자 개인으로는 아예 보험금을 한 번도 못 받고 끝나는 경우도 많습니다.

그렇다고 보험이 불필요하다는 건 아닙니다. 보험은 손해를 감수하고 가입하는 상품이지만, 그 손해는 예측 불가능한 큰 위기를 막기 위한 일종의 생존 장치입니다. 금융시장에서 말하는 **헤지**Hedge♣와 같은 개념이죠. 따라서 **보험은 수익을 기대하기보다, 감당할 수 없는 리스크를 관리하는 수단이라는 관점으로 접근해야 합니다.**

헤지Hedge: 예상치 못한 위험이나 손실을 줄이기 위한 대비책.

세금, 대출, 보험이 친구라고요?

세금, 대출, 보험은 각기 다른 영역 같지만, 투자와 자산 형성의 관점에서 보면 서로 긴밀하게 연결되어 있어요. 예를 들어 대출을 활용해 수익을 얻으면 거기에 세금이 붙죠. 반대로 투자에 실패해 손실이 나면, 대출 원금은 물론 이자까지 갚아야 하지요. 이런 상황에서 갑작스러운 사고나 질병까지 겹치면, 보험 없이는 버티기 어렵습니다.

반대로 생각하면, 이 세 가지를 잘 활용할수록 위험을 낮추면서도 자산을 안정적으로 늘려갈 수 있다는 의미이기도 합니다. 세금은 줄일 수는 있어도 피하지 않고, 대출은 무리하지 않되 기회를 살릴 수 있는 선에서 활용하며, 보험은 꼭 필요한 항목만 실속 있게 챙기는 것이 핵심입니다.

이렇게 접근한다면, 사회 초년생의 투자 여정은 훨씬 덜 불안하고, 더 든든해질 수 있어요. 투자는 혼자 가는 길이 아니라, 이 세 친구들과 함께하는 긴 여정입니다. 그리고 이 셋을 어떻게 다루느냐가 자산 형성의 속도를 결정할 것입니다.

세금
두려움이 아닌 동행의 대상

세금은 많이 낼수록 좋다고요?

아직 자산이 많지 않고, 금융소득도 거의 없는 단계에서는 세금이 크게 체감되지 않을 수 있어요. 하지만 시간이 지나 소득과 자산이 불어나면, 세금은 피할 수 없는 현실로 다가옵니다. 부동산을 소유하면 종합부동산세가 따라오고, 금융소득이 커지면 금융소득 종합과세 대상이 됩니다. 결혼해서 자녀가 생기면 나중에는 상속세나 증여세도 챙겨야 할 문제죠.

예를 들어, 은행에서 연 4% 이자를 받는다고 할 때, 세율이 15%인 사람과 40%인 사람의 세후 수익률은 크게 차이 납니다. 금융소득이 커지면 그에 따라 세율도 올라가고, 최고세율 구간에서는 절반을 세금으로 내야 하는 상황도 생깁니다.

그렇다고 세금을 피하려고 소득이나 자산을 줄이는 건 잘못된 접근이죠. 우리의 목표는 자산을 늘리고 더 많은 수익을 내는 것이며, 어쩌면 많은 세금을 납부하기 위해 투자하는 것입니다.

투자 수단마다 세금이 다르지 않나요?

세금을 이해할 때 또 하나 중요한 관점은 투자 수단에 따라 적용되는 세금이 다르다는 점입니다. 예를 들어 미국 주식이 오를 것 같다고 생각했을 때, 그 수익을 얻는 방법은 다양합니다. 직접 미국 주식을 매수할 수도 있고, 미국 주식형 펀드에 가입하거나, 한국에 상장된 미국 ETF를 매입할 수 있습니다. 이때 동일한 시장에 투자하더라도 세금 적용 방식은 각각 다릅니다. 미국 주식에 직접 투자하면 양도소득세가 발생하고, 연간 250만 원까지는 비과세가 적용됩니다. 같은 해에 수익과 손실이 함께 발생했다면 상쇄도 가능합니다. 반면 국내 ETF는 배당소득으로 분류돼 종합과세 대상이 됩니다.

결국, **같은 투자라도 어떤 수단을 선택하느냐에 따라 실질 수익은 달라질 수 있다는 뜻입니다. 투자 규모가 커질수록 이런 차이는 더 뚜렷해지므로, 기본적인 세금 구조를 이해하는 것이 필요합니다.**

꼭 기억해야 할 핵심은, 세금은 수익 뒤에 따라오는 결과일 뿐이라는 사실이죠. 즉, 수익을 내야 비로소 세금을 걱정할 수 있다는 것입니다. 사회 초년생이 세금부터 지나치게 의식하면 정작 중요한 '투자 실행'을 뒤로 미루는 실수를 할 수 있습니다. 차라리 충분한 수익을 낼 수 있는 투자 방법부터 익히고, 세금은 수익이 생긴 후에 구체적으로 고민해도 늦지 않습니다. 어차피 세제는 종종 개편되기도 합니다.

절세에 대해서도 너무 고민하지 마세요. 초보 투자자들이 가장 먼저 접하는 금융상품이 바로 ISA(개인종합자산관리계좌)와 IRP(개인형퇴직연금)입니다. 두 가지 모두 절세형 상품으로 알려져 있지만, 처음부터 깊게 따지기보다 하나씩 가입해 제도에 맞게 기본 운용만 해도 충분합니다. 투자에서는 수단보다 자산 선택이 더 중요하답니다.

절세보다 더 중요한 것이 있다고요?

그렇다고 지금 당장 현실에서 세금을 가장 중요한 판단 기준으로 삼을 필요는 없습니다. 동일한 투자 효과를 위해 세금을 줄일 수 있는 수단을 활용하는 것은 물론 필요합니다. 그러나 사회 초년생이라면 지금은 절세보다 수익률에 집중하는 것이 우선입니다.

정부가 특정 금융상품에 세제 혜택을 주는 이유는 단순합니다. 사람들이 잘 찾지 않거나, 혹은 수익 가능성이 낮거나, 위험 분산을 장려하기 위해 정책적으로 유도하는 것이죠. 따라서, 세금 혜택이 있다는 건, 곧 수익 측면에서 매력이 크지 않을 수 있다는 뜻이기도 해요.

예를 들어, 낮은 수익률이 예상되는 장기채권에 세제 혜택이 붙는 경우가 그렇습니다. 그래서 사회 초년생이라면 세금 혜택에만 집중하기보다, 실제 수익 가능성과 자산 성장 가능성에 더 집중해야 합니다.

[참고] 소득공제와 세액공제, 그리고 원천징수

세금과 관련해 자주 혼동되는 개념이 있어요. 바로 소득공제와 세액공제입니다.

소득공제는 말 그대로 소득에서 일정 금액을 빼주는 것이죠. 카드 사용액, 문화비, 전통시장 사용액 등은 소득공제 항목에 해당됩니다. 그런데 이 방식은 고소득자에게 더 유리하겠죠. 왜냐하면 세율이 높을수록 공제에 따른 절세 효과가 커지기 때문입니다.

반면, 세액공제는 이미 계산된 세금에서 금액을 깎아주는 방식입니다. 예를 들어 50만 원의 세액공제를 받는다면, 소득이 많든 적든 세금이 정확히 50만 원 줄어듭니다. 그래서 이 방식은 저소득자에게 더 유리합니다.

세금과 관련해 기본적으로 알아두면 좋은 개념은 몇 가지 더 있어요. 예를 들어 원천징수란 내가 돈을 받기 전에 미리 세금을 떼는 방식입니다. 예금이자를 받을 때 15.4%가 미리 빠지고 나머지만 입금되는 것이 여기에 해당합니다.

또 분리과세는 해당 금융상품에 대한 과세는 해당 금융상품 별도로 하고 종합과세에서 제외한다는 의미입니다. 종합소득과세 대상자들에게는 유용할 수 있지만, 소득이 적은 경우에는 오히려 불리할 수 있습니다.

소득의 성격에 따라 세금이 달라지기도 합니다. 예를 들어 동일 금액의 강의료를 받더라도 세법상 구분이 달라질 수 있어요. 소득이 일시적이면 '기타소득'으로 분류합니다. 이 경우 60%가 경비로 자동 공제되고, 남은 금액이 300만 원 이하라면 분리과세로 끝납니다. 다만 공제 후 금액이 300만 원을 넘으면 종합소득세에서 다시 정산해야 합니다. 강의를 정기적으로 한다면 사업소득으로 분류되고, 이때는 최저 6%에서 최고 45%까지 세율이 적용됩니다.

이처럼 수입의 성격에 따라 납세 방식이 달라진다는 점을 알아두면 실무에서 큰 도움이 됩니다.

세금, 미리 걱정하지 말라고요?

세금은 당장 두려워할 대상이 아닙니다. 세금은 수입이 생길 때 비로소 문제가 되는 것이죠. 사회 초년생이라면 지금은 수익을 내는 것에 집중하고, 세금은 자산이 커진 후 하나씩 공부해도 충분합니다.

또는 세금 제도는 시간이 지나면서 바뀔 수 있어요. 기준도 바뀌고, 공제 항목이나 적용 방식도 변하죠. 지금 다 외워둘 필요는 없습니다. 중요한 건 '기본 원리를 이해하고' 필요한 시점에 유연하게 대처하는 자세입니다.

결국, 세금은 투자라는 여정에서 함께하는 동반자 같은 존재입니다. 피할 수도 없고, 피할 필요도 없습니다. 잘 활용하면 오히려 더 많은 수익을 남길 수 있고, 나중에는 사회에 기여하는 보람도 느낄 수 있습니다. 이 정도면 꽤 괜찮은 친구 아닌가요?

대출

잘 쓰면 기회, 방심하면 덫

월급으로 감당 가능한 이자부터 체크하라고요?

대출을 잘 활용하면 투자 기회가 되지만, 과도하면 자산관리의 통제력을 잃게 됩니다. 가장 중요한 기준은 바로 '내가 감당할 수 있는 수준인가'의 여부입니다. 예를 들어, 월 소득이 225만 원인 김지혜 씨가 매달 150만 원을 대출 이자로 낸다면 생활은 불가능하겠죠. 대출은 내가 감당할 수 있는 수준에서 설정해야 하며, 자산의 기대수익률과 이자, 세금, 생활비를 모두 고려한 뒤 결정해야 합니다. 또한 대출은 금융기관뿐 아니라 가족, 지인, 담보 대출 등 다양한 경로로 발생할 수 있기 때문에 눈에 보이지 않는 부채까지 함께 계산해야 합니다.

그렇다고 해서 무조건 대출을 피할 필요는 없습니다. 오히려 투자 기회가 명확할 때는 적절히 대출을 활용하는 것이 더 나은 선택입니다.

전략적으로 이자를 월급으로 상환하기 어려운 경우에는, 이자를 포함한 대출도 하나의 방법이 될 수 있습니다. 사회 초년생 입장에서는 1억 원을 차입하는 것이 쉽지 않고, 이자 부담도 클 수 있습니다. 그러나 방법만 이해하면 가능하다고 볼 수 있어요. 예를 들어 자산 형성 과정에서 1억 원이 필요한 투자 계획이 있다면, 3년간의 이자를 포함해 1억 1,500만 원 정도를 대출로 조달하고, 매년 500만 원 정도를 이자 상환에 배정하는 방식으로 설계할 수 있습니다.

이렇게 접근하면 투자 수익률은 단순 수익률이 아닌, 이자와 세금 등 모든 비용을 뺀 순수익 기준으로 계산해야 합니다. 내 자금만을 사용하는 투자와 대출을 통한 투자는 구조 자체가 다르므로, 기회비용과 리스크까지 함께 고려해야 합니다.

마이너스 통장이 마이더스 통장이 될 수 있나요?

사회 초년생이라면 누구나 한 번쯤 마통이라는 말을 들어봤을 것입니다. 마이너스 통장은 일정 한도 내에서 수시로 꺼내 쓸 수 있는 대출 방식으로, 직장인들에게 매우 익숙한 상품이죠.

문제는 마통이 너무 편하다는 데 있어요. 한도를 설정해두면 실제로는 쓰지 않아도 마음이 느슨해집니다. 우리는 쓰고 싶은 돈이 생기면 필요 이상으로 지출을 늘리기 쉽습니다. 평소 같으면 고민할 지출도, 마통이 있으면 충동적으로 지갑을 열게 되는 경우가 많아요.

예를 들어 월급으로 1,000만 원을 모으는 데는 오랜 시간이 걸리지만, 마통으로 1,000만 원을 쓰는 건 한순간입니다. 만약 투자에 사용했다가 -50% 손실이 나면 500만 원은 흔적도 없이 사라지고, 이자만 계속 갚아야 하는 상황이 생길 수 있어요.

세상일은 장단점이 있어요. 마통은 잘못 쓰면 병이 되지만, 잘 사용하면 약이 되겠죠. 사회 초년생이 좋은 투자 기회가 왔다고 판단하더라도, 큰 돈을 빌려 투자하기는 현실적으로 어렵습니다. 그러나 마통의 범위 안에서 전략적으로 활용할 수 있는 방법이 있습니다. 마이너스 통장 한도가 1,000만 원이라면 이를 4등분하여, 좋은 기회가 생길 때 250만 원씩 투자하는 식입니다. 연일 뉴스에서 폭락장이라고 보도될 때 250만 원을 ETF에 투자할 수 있습니다. 우량 종목인데 일시적 악재로 2~3일간 30% 급락한다면 250만 원을 투자할 수 있습니다. 반대로 평상시 미국 시장이 추가 상승할 것으로 예상해 마이너스 통장에서 250만 원을 찾아 투자하는 방식은 매우 신중해야 합니다.

결론적으로, **마이너스 통장은 긴급 자금용으로 꼭 필요한 상황이 아니라면 만들지 않거나, 만들어 두더라도 신중하게 사용해야 합니다. 특히 사회 초년생이 고민 없이 마통을 개설하고 출금하는 것은 매우 위험합니다. 짧은 시간에 일어난 실수가 장기적인 상환 부담으로 이어질 수 있기 때문입니다.**

대출 상환, 무엇부터 갚아야 할까요?

사회 초년생이 대출을 상환할 때 **가장 먼저 고려할 것은 본인의 상**

환 능력입니다. 빚을 갚기 위해 생활이 무너진다면 아무런 의미가 없습니다. 따라서 대출을 줄이기보다는 수입과 지출을 어떻게 조정할 수 있을지를 먼저 살펴야 해요.

두 번째 기준은 금리 우선순위입니다. 기대하는 투자 수익률보다 높은 금리의 대출이라면, 반드시 먼저 갚아야 합니다. 예를 들어, 연 7% 금리의 신용대출이 있다면, 연 10% 수익을 기대해도 세금까지 감안하면 사실상 큰 차이가 없습니다. 따라서 이런 고금리 대출은 최우선 상환 대상입니다.

반면, 학자금 대출이나 정부 정책성 대출처럼 금리가 1~2%로 낮은 경우에는, 무리하게 상환하기보다 투자와 병행하는 것이 더 효과적일 수 있습니다.

숨은 부채와 잠재적 부채

대출은 부채를 만드는 행위입니다. 그런데 우리는 이미 경제활동을 하면서 많은 부채를 만들어왔습니다. 우리 삶 속에는 부채가 구석구석 숨어 있습니다. 신용카드, 휴대폰 할부, 정수기 렌탈 등 다양한 형태가 있죠. 신용카드는 지난 달 사용액이 다음 달 자동으로 부채가 되죠. 휴대폰 기기를 24개월 할부로 샀다면, 그 금액 역시 부채입니다.

이외에도 부모님의 병원비 지원, 생활비 지원 등 가족의 부양과 관련한 잠재적 부채도 고려해야 합니다. 눈에 보이진 않지만 언젠가는 책임져야 할 가능성이 있다면, 그것 역시 자산관리 계획에 포함해야 합니다. 사회 초년생은 부양을 받는 입장일 수 있지만, 곧 부양해야 하는 상황이 올 가능성이 매우 높습니다.

따라서 대출을 생각할 때는 겉으로 보이는 숫자만이 아니라, 전체 재무 구조 안에서 감당 가능한 범위와 숨어 있는 부채까지 함께 고려하는 접근이 필요합니다.

대출도 전략이라고요?

사회 초년생에게 대출은 조심스럽고 부담스러운 단어일 수 있어요. 그러나 현실에서는 때로 가장 강력한 레버리지 수단이 되기도 합니다. 무턱대고 빚을 내는 것이 아니라, 기회가 보일 때, 자신이 감당할 수 있는 범위 내에서, 충분한 수익이 예상되는 상황이라면, 적절한 대출은 자산 형성의 강력한 무기가 될 수 있습니다.

대출을 피할 필요는 없습니다. 다만, 미리 계산하고, 계획하며, 감당 가능한 수준으로 활용하는 것이 중요합니다. 그것이 건강한 금융 습관의 시작이자, 사회 초년생이 자산을 키워가는 첫걸음입니다.

보험

투자보다 먼저 챙겨야 할 위험 관리

보험은 수익을 위한 금융투자상품이 아니라고요?

보험은 종종 투자처럼 생각되지만, 분명하게 구분해야 합니다. 보험은 위험을 관리하기 위한 상품이지, 수익을 창출하는 금융투자상품이 아니에요. 자동차보험은 사고가 나야 보상이 이루어지고, 건강보험은 병원에 가야 혜택을 받죠. 화재보험도 불이 나야 보험금을 받을 수 있습니다. 다시 말해, 보험으로 돈을 받았다는 건 이미 어떤 '불행'이 발생했다는 뜻입니다.

보험회사는 단순한 복지기관이 아니라고 말했죠. 직원에게 급여를 지급하고, 주주에게 배당도 해야 하는 기업입니다. 따라서 고객이 내는 보험료로 수익을 내야 하고, 그 안에서 보험금도 지급해야 합니다. 즉, 보험가입자가 보험 가입만으로 경제적 이득을 기대하는 것은 근본적으로 잘못된 생각입니다.

보험을 설명할 때 빠지지 않는 상품이 바로 변액보험입니다. 말 그대로 보장성과 투자 기능을 함께 담은 보험인데, 여기에는 숨은 비용이 존재합니다. 한국 소비자들은 한 번에 모든 걸 해결하려는 경향이 있어요. 그래서 보험에도 보장 기능뿐 아니라 수익까지 기대하곤 하죠.

하지만 보장성과 수익은 성격이 달라요. 보장은 안전을 지향하고, 수익은 위험을 감수해야 합니다. 이 둘을 한 상품에 담는다는 건 마치 물과 기름을 섞는 일과 비슷해요. 변액보험은 보험사의 강력한 영업망과 마케팅을 기반으로 성장했지만, 실제로는 보험도 투자도 중간에 머무는 애매한 상품이 되기도 합니다.

저는 변액보험보다는 보장은 보장대로, 투자는 투자대로 분리해서 접근하는 것을 권합니다.

보험과 은행의 적금, 어떤 차이가 있을까요?

"그 돈으로 그냥 적금 들면 안 되나요?"라고 묻는 경우도 많아요. 분명, 적금은 내가 모은 만큼 돌려받는 확실한 자산이죠. 반면 보험은 사고가 없으면 돌아오는 돈이 없거나 매우 적습니다.

하지만 적금은 예상할 수 있는 지출에는 유용하지만, 예상치 못한 사고에는 취약합니다. 사고는 언제 발생할지 모르고, 모아둔 돈이 충분하지 않은 순간에 닥치기도 합니다. 그런 리스크를 막기 위한 것이 바로 보험입니다.

예를 들어 적금으로 3년간 500만 원을 모았는데, 갑자기 큰 병이 생겨 수천만 원의 치료비가 발생하면 어떻게 될까요? 이럴 때 보험이 없다면, 고스란히 본인 부담이 됩니다. 그래서 보험은 단순히 수익을 따지는 상품이 아니라 위험을 대비하기 위한 보호막이라는 점을 잊지 말아야 합니다.

보험은 일찍 들수록 유리한가요?

많은 사람이 묻습니다. "보험은 빨리 들수록 좋은가요?" 정답은 반은 맞고, 반은 틀려요. 나이가 어릴수록 보험료가 낮은 건 사실이죠. 질병이나 사고의 가능성이 낮고, 보장해야 할 기간이 더 길기 때문입니다. 보험사 입장에서도 20대 가입자보다 50대 가입자에게 지급할 확률이 훨씬 높기 때문에, 연령이 높을수록 보험료가 올라가는 구조입니다.

하지만 '일찍 들면 무조건 좋다'고 말하기는 어려워요. 가입 시점이 이르다는 건 결국 보험료를 더 오래 낸다는 의미입니다. 따라서 중요한 건 언제 들었느냐보다도, 내가 감당할 수 있는 범위 내에서 필요한 보장을 설계했는가입니다.

보험료가 부담된다면 꼭 필요한 보장만 남기고 간소화하는 것도 방법이죠. 보험은 모든 위험을 방어하도록 완벽해야 하는 게 아니라 자신이 감당하기 어려운 경제적 손실에서 보호받을 수 있는 실용적인 접근이 중요합니다. 예를 들어, 계약직 외벌이 가장이 상해를 입으면 소득이 중단될 수 있어요. 이런 경우에는 보험이 반드시 필요합니다. 그러나 일부 실손보험처럼 진료나 처방을 위한 보험은 신중하게 접근해야 합니다.

부모님이 들어둔 보험 해약해도 될까요?

사회 초년생에게 종종 받는 질문 중 하나가 바로 "부모님이 예전에 들어둔 보험 해지할까요?"입니다. 결론부터 말하자면 해약은 신중해야 해요. 오래된 보험은 당시 높은 금리를 기준으로 설계되었기 때문에 지금 기준에서는 같은 조건을 제공받기 어렵습니다. 인플레이션이나 물가의 상승으로 인하여 보장금액이 상대적으로 적어질 수 있어요.

보험업계에서는 보험 리모델링이라는 이름으로 기존 보험을 정리하고, 새 상품을 권유하는 경우가 많아요. 그런데 새 보험은 대부분 저금리 기준으로 설계되어, 보장 조건이 낮아지는 경우가 있어요. 물론 예외도 있지만, 부모님이 오래 전 들어둔 보험이 오히려 더 유리한 조건일 수 있으니 신중하게 검토해야 합니다. 해약은 권하지 않습니다.

다만, 해약이 고민될 정도로 보험료가 부담된다면, 부분 해지나 보장 금액 조정 같은 중간 절충안을 고려하는 것도 방법입니다. **보험은 위험을 관리하기 위한 수단이지, 그 자체가 목적이 되어서는 곤란합니다.**

금융상품
어떻게 구분하나요?

금융상품마다 무엇이 다른가요?

금융상품은 겉보기에는 비슷해 보여도 실제로 제시 금리와 기대 수익률이 달라지는 경우가 많아요. 예를 들어, 은행 예금이라도 어떤 은행은 연 3.0%의 금리를 제시하고, 또 다른 은행은 3.2%를 제시할 수 있어요.

같은 예금인데 왜 금리가 다를까요? 여기에는 금융기관의 신용위험 차이가 반영되기 때문입니다. 대표적으로 시중은행과 저축은행을 비교해보면, 보통 저축은행이 예금 금리를 더 높게 제시합니다. 그 이유는 저축은행의 부실 가능성이 상대적으로 더 크기 때문이죠. 즉, 높은 금리는 그만큼 위험을 감수한 대가라는 뜻입니다.

마찬가지로, 똑같이 인덱스 펀드라고 부르는 상품이라도, 운용사의 규모나 펀드의 자산 규모AUM에 따라 성과 차이가 생길 수 있어요. 대형 자산운용사에서 운영하는 펀드는 상대적으로 안정적인 성과를 지속하는 경우가 많습니다. 운용 규모가 클수록 관리 비용을 더 효율적으로 운영할 수 있기 때문입니다.

투자 손실 위험이 없는 상품은 없나요?

금융상품의 수익률을 비교할 때, 우리는 종종 "이 상품이 수익률이 더 높으니 더 좋다"라고 단순하게 생각하곤 합니다. 하지만 수익률이 높다는 것은 그만큼 위험도가 높다는 뜻입니다.

예를 들어 은행 정기예금이 연 3%인데, 부동산 기반 상품에서 5% 수익률을 제시한다면, 그 2% 차이는 숨은 위험 프리미엄으로 볼 수 있어요. 투자자가 이 위험을 정확히 알든 모르든, 위험 자체는 실제로 존재합니다.

우리가 자주 착각하는 부분이 있습니다. "이 상품은 안전하다"고 생각하지만, 실제로 위험이 없는 투자 상품은 없습니다. 다만 투자자가 위험을 정확히 모를 뿐입니다. 금융상품 투자는 투자자 각자가 자신의 시장 전망과 위험 감수 성향에 따라 상품을 선택하는 과정일 뿐입니다.

투자 결정은 지금, 투자 결과는 미래에 확인

금융상품의 또 하나 중요한 특징은, 의사결정은 현재에 하지만 성과는 미래에 확인된다는 점이죠. 예금은 가입한 순간부터 수익이 정해져 있지만, 주식이나 펀드처럼 투자상품은 언제 어떻게 수익이 발생할지 알 수 없어요.

예를 들어, 어떤 주식을 살 때 "지금 가격이 싸니까 곧 수익이 나겠지"라고 생각할 수 있죠. 하지만 진짜 중요한 건 그 이후에 가격이 오르느냐 여부입니다. 가격이 싸다고 판단한 순간에도, 실제 시장에서는 더 떨어질 수 있습니다. 결과적으로 아무리 싸게 샀다고 해도 매입 이후에 가격이 상승하지 않으면 투자 수익은 없습니다.

이런 이유로 우리는 가끔 바닥에서 샀다고 기뻐하지만, 정작 더 떨어져 당황하거나, 손실을 견디지 못해 매도하는 경우가 많아요. 반대로, 남들이 모두 좋다고 하는 시점에 추격 매수를 하면 이미 고점일 가능성이 큽니다. 시장에서 가장 인기 있는 상품은, 사실상 그때가 가장 비싼 가격의 고점일 수 있습니다.

신뢰할 수 있는 투자계획 수립이 중요

투자에서 흔히 경험하는 것은 단기 손실입니다. 자산을 매입한 직후 가격이 내려가면 심리적으로 위축되기 쉽습니다. 그래서 많은 사람이 '이거 아닌가 보다' 싶어 서둘러 손실을 확정하는 손절매Stop Loss

를 하게 됩니다. 하지만 시장의 경험은 아이러니하게도, 바로 그다음 날부터 다시 상승하는 경우가 허다하죠. 참 묘하기도 하고 대단하기도 합니다.

이유는 간단합니다. 시장 참여자의 감정이 가격에 영향을 미치기 때문이죠. 가격이 하락하는 이유가 근본적인 변화라기보다 일시적인 심리적 요인인 경우도 많습니다. 그러니 단기 손실을 지나치게 두려워할 필요는 없습니다. 대신, 처음에 결정한 투자 계획을 스스로 신뢰하고 유지하는 것이 중요합니다.

금융상품을 고를 때 가장 먼저 해야 할 일은, 내가 원하는 수익과 감당할 수 있는 위험 범위를 명확히 설정하는 것입니다. 수익률이 높다고 무조건 좋은 것도 아니고, 안정적이라고 무조건 나에게 맞는 것도 아닙니다.

금융상품은 수단일 뿐입니다. 공부를 하고 경험을 쌓는다는 것은 내가 이루고자 하는 목표를 위해 도구를 잘 사용하는 법을 익히는 것이죠. 매우 중요합니다. 적당한 수익률, 감당할 수 있는 위험, 그리고 나의 삶에 맞춘 투자 기간의 설정이 조화를 이룰 때, 금융상품은 내 자산을 불려주는 든든한 파트너가 되어줄 것입니다.

조금 더 알아보기

초보 투자자를 위한 차트 활용법

주식을 처음 접하면 네이버 증권처럼 종목마다 시가총액, PER, PBR, 차트까지 다양하게 정보를 보여주는 화면이 복잡하게 느껴질 수 있어요. 하지만 차트를 처음부터 완벽하게 읽으려고 할 필요는 없습니다. 오히려 핵심만 보고, 장기적인 흐름을 이해하는 습관을 들이는 것이 훨씬 도움이 됩니다.

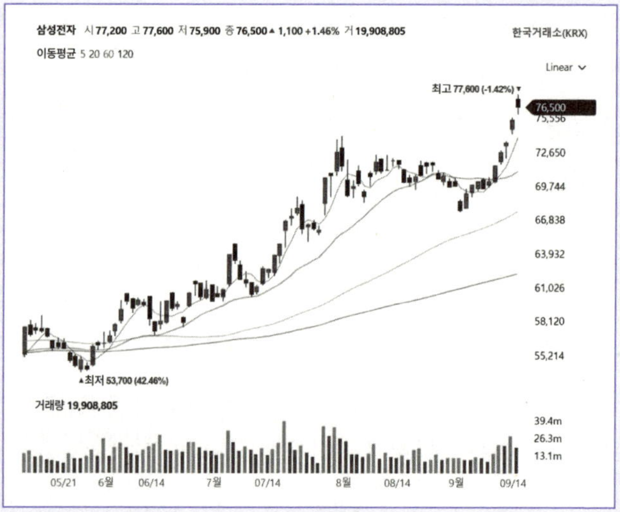

1. 주가 흐름(캔들·선 차트)

차트에서 가장 먼저 볼 것은 주가가 전반적으로 오르고 있는지, 내리고 있는지입니다. 초보라면 세세한 일간 변동보다는 주간, 월간 흐름을 보는 게 좋아요. 이렇게 하면 시세의 큰 흐름을 이해하고, 단기적인 잡음에 휘둘리지 않을 수 있어요.

2. 이동평균선MA, Moving Average

이동평균선은 일정 기간 동안의 평균 주가를 연결한 선이에요. 보통 20일, 60일, 120일 이동평균선을 많이 보는데, 초보라면 60일 이동평균선 정도만 봐도 충분합니다.

- 주가가 이동평균선 위에 있으면 상승 추세
- 주가가 이동평균선 아래에 있으면 하락 추세

이런 간단한 신호만으로도 '현재 주식이 장기적으로 오르는 중인지 내리는 중인지'를 파악할 수 있습니다.

3. 거래량Volume

거래량은 주식이 실제로 얼마나 활발하게 거래되는지를 보여주는 지표예요. 거래량이 많으면 상승이나 하락 움직임을 더 신뢰할 수 있다고 봐요. 예를 들어, 주가가 오르는데 거래량까지 늘어나면 투자자들의 관심이 높다는 뜻이죠.

4. 차트보다 기업 가치가 우선

차트를 보는 습관은 좋지만, 기업의 본질적인 가치PER, PBR, 재무상태 등보다 우선될 수는 없습니다. 초보라면 차트는 '추세와 심리 확인용' 정도로 생각하고, 투자 결정은 기업 가치와 재무를 먼저 보는 것이 안전합니다.

5. 복잡한 지표는 나중에

MACD, RSI, 볼린저 밴드 등 다양한 보조 지표가 있지만, 초보는 처음부터 모든 지표를 이해하려고 하지 않아도 돼요. 혼란만 생기고 감정적 매매를 하게 되거든요. 차트는 큰 흐름과 주요 신호만 확인하는 정도로 충분합니다.

CHAPTER 06

투자 시장에서 롱런을 위한 멘탈 관리

가장 큰 손실은
자신이 옳다고 확신할 때 생긴다.

✦제시 리버모어✦

평균을 목표로 삼는 것이 왜 현명한가요?

투자의 출발은 투자금 손실의 위험을 감수하고 수익을 추구하는 일입니다. 시장에서는 잘하는 것도 중요하지만, 무엇보다 오래 살아남는 것, 롱런Long-Run이 더욱 중요하죠. 시장에서는 강한 자가 오래 살아남는 것이 아니라 오래 살아남는 자가 강한 자입니다.

많은 사회 초년생이 "투자 관련 공부를 좀 더 하고 시작해야지"라는 마음을 갖습니다. 처음에는 너무 당연한 말처럼 들리지만, 이 생각은 오히려 투자의 첫걸음을 늦추는 이유가 되기도 합니다.

투자를 결심한 순간부터 대부분의 사람들은 "더 잘하고 싶다", "남들보다 수익을 많이 내고 싶다"는 생각에 빠지게 됩니다. 그러나 투자에서 그런 욕심은 자주 실망으로 돌아옵니다. 마치 운전처럼, 시간이 지나고 경험이 쌓이면 익숙해질 것 같지만, 시장은 도로보다 훨씬 더 자주, 급격하게 바뀝니다. 심지어 경험 많은 50대, 60대 투자자들도 시장의 흐름을 예측하지 못해 초보 투자자와 별 차이가 없습니다.

투자를 시험에 비유한다면 우리는 시험 범위가 100쪽인 과목을 10쪽만 공부하고 시험을 치러야 하는 것입니다. 전문가라는 사람들도 20쪽 이상 공부하기는 어렵습니다. 이렇게 생각하면 '평균'이 결코 부진한 투자 결과가 아닙니다. 오히려 평균 정도의 성과를 꾸준히 내는 것이야말로 사회 초년생에게는 가장 현실적이고 안전한 전략입니다.

평균을 추구하는 투자라는 말은 바로 인덱스 펀드나 ETF 투자를 의미해요. 이 상품들은 시장 전체의 흐름을 따라가기 때문에, 시장이 성장하면 자연스럽게 수익이 따라옵니다. 단기간에 급등하는 수익은 없지만, 대신 개별 종목처럼 크게 손해 볼 위험도 낮습니다. 평균 투자가 멘탈 관리 측면에서 적은 노력으로 큰 효과를 주는 매우 효율적 투자라는 것이 더욱 중요합니다.

예를 들어, 미국 S&P 500 ETF에 투자하면 미국 경제 전체의 성장에 배팅하는 셈입니다. 엔비디아, 아마존이나 구글처럼 한 종목에 투자하는 건 기대수익이 크지만, 그만큼 리스크도 큽니다. 하지만 ETF는 수십 개, 수백 개의 기업을 묶어놓은 포트폴리오이기 때문에 분산 효과가 있습니다. 투자자 입장에서는 충분한 공부와 준비가 없어도 적극적으로 참여할 수 있기 때문에 사회 초년생의 초기 투자로 적합합니다.

시장은 내 편이 아니라고요?

많은 초보 투자자가 시장에 대한 기대를 크게 갖습니다. 사회 초년생도 마찬가지입니다. 투자를 시작했으니 가격이 올라야 할 것 같고, 수익이 금방 따라와야 할 것처럼 생각합니다. 하지만 현실은 그렇지 않죠. 시장은 언제나 냉정하며, 나를 중심으로 움직이지 않아요.

내가 막 투자를 시작한 순간 하필이면 시장이 하락하고, 겨우 수익이 나서 팔았더니 그 뒤로 몇 배가 오르기도 합니다. 이런 일이 반복되는 게 바로 투자라는 세계입니다. 그래서 우리는 더더욱 평균을 추구해야 합니다. '나는 예외다'라는 생각을 버리고, 시장은 나의 편이 아니라고 인식하는 것이 필요합니다. 이것이 사회 초년생이 가져야 할 투자자로서의 마음가짐입니다.

투자의 시작

시작이 반, 그리고 방향은 전부

시작할 때는 모두 낙관적이라고요?

무언가를 새롭게 시작할 때, 우리는 보통 세상을 내 편이라고 생각합니다. 골프를 배우면 1년 안에 싱글이 될 것 같고, 등산을 시작하면 백대 명산도 금방 완등할 수 있을 것 같아요. 사회 초년생의 자산관리도 마찬가지겠죠. "지금은 돈이 없지만, 투자만 시작하면 수익이 날 거야." 그렇게 생각할 수 있어요. 그리고 이런 낙관이 있어야 도전도 가능하고 삶도 조금은 즐거워질 수 있습니다.

하지만 자산관리라는 세계에서는 이 낙관이 때때로 우리를 위험에 빠뜨립니다. 특히 사회 초년생이라면 더욱 그렇습니다. 자산관리의 초기는 무조건 안정적으로 출발해야 합니다. 첫 단추를 잘못 끼우면, 평생을 먼 길로 돌아가야 할 수도 있습니다. 개인의 삶에서 "나는 예외야", "이번엔 다를 거야" 같은 마음은 문제 없지만, 자산관리에서는 매우 위험한 생각일 수 있습니다. 올바른 투자 개념 없이 무턱대고 판단하고 행동하는 경우, 작은 실수가 큰 손실로 이어지기 쉽습니다.

시장에는 수많은 플레이어(시장 참여자)가 존재합니다. 외국계 투자기관, 금융기관, 운용사, 그리고 수많은 전업 투자자들… 이들은 정보도 많고 자본도 크며, 하루 종일 시장만 보고 있습니다. 시장을 고민하고 투자 의사결정을 하는 것이 본업입니다. 반면 사회 초년생은 하루 종일 본업에 시달리다가 잠깐 짬을 내어 뉴스를 보거나, 유튜브 한두 편을 보는 정도가 전부일 때가 많습니다.

이런 구조 자체가 이미 기울어진 운동장이라는 의미입니다. 경쟁이 불공평하다는 것을 인정하고 들어가야 합니다. 그래서 초반에는 적극적인 종목 투자가 아니라, ETF나 인덱스펀드 같은 평균 수익을 따라가는 전략이 더 현실적인 것입니다. "시장을 이기겠다"는 태도보다, "시장과 함께 가겠다"는 접근이 훨씬 현명합니다.

자산 배분이 투자 성과를 좌우한다고요?

전문가든 초보자든, 결국 어떤 자산군에 얼마를 배분하느냐에 따라 수익이 결정됩니다. 내가 어떤 주식을 골랐느냐보다, 주식이냐 채권이냐를 결정한 것이 투자 수익에 훨씬 큰 영향을 줍니다. 즉, 종목 선정보다 자산배분이 중요하다는 의미입니다.

그래서 투자 성향이 공격적이든 보수적이든, 전체 자산의 구성부터 설계하는 것이 먼저입니다. 주식, 채권, 현금, 암호자산, 부동산 등 다양한 자산 중에서, 자신이 감당할 수 있는 리스크 범위 내에서 자산을 배분하는 것이 중요합니다. 특히 사회 초년생이라면, 투자보다는 자산배분의 균형을 먼저 고민해야 합니다. 자산배분이 잘 감이 오지 않는다면, 균등 배분을 하거나, 이 책에서 제시한 비율을 참고해 시도해 보길 바랍니다.

인플레이션을 무시하면 안 된다고요?

자산 배분에서 반드시 고려해야 할 중요한 요소가 인플레이션입니다. 엄밀하게는 법정화폐의 가치 하락입니다. 10년 뒤, 30년 뒤에도 나의 자산이 동일한 가치가 있는가의 문제입니다. 은행 예금은 안전하며, 원금 손실도 없고 이자도 나온다고 생각하는 것도 과거의 생각입니다. 인플레이션을 감안하면, 더 이상 정답이 아닙니다. 사회 초년생들이 자산관리의 시작을 예금으로만 생각하는 것은 위험할 수 있습니다. 예금만으로는 인플레이션을 방어할 수 없기 때문이죠.

화폐의 가치는 시간이 갈수록 떨어집니다. 실제로 지난 20년간 한국과 미국 모두 총통화량이 4~6배 이상 증가했어요. 이는 곧 화폐가 희소하지 않다는 뜻이며, 그만큼 가치 하락 가능성이 높다는 의미이기도 합니다. 수십 년 뒤 은퇴 시점에서 보면, 지금 모아둔 돈의 구매력은 크게 줄어 있을 수 있습니다.

따라서 은행 예금 같은 안전 자산만으로 포트폴리오를 구성하는 것은 장기적으로 위험합니다. 사회 초년생이라면 반드시 인플레이션을 고려해 자산을 분산해야 해요. 일부는 실물자산이나 주식, 리츠 등에 투자하는 전략이 필요합니다.

수익률 1% 차이가 인생을 바꾼다고요?

투자에서 수익률 1% 차이는 작아 보여도 결코 작지 않아요. 예를 들어, 100만 원을 연 3% 수익률로 10년간 굴리면 134만 원이 되고, 4% 수익률로는 148만 원이 됩니다. 10년 뒤, 수익률 1%의 차이는 14만 원이라는 자산의 차이를 만듭니다. 만약 자산이 1억 원이라면, 그 차이는 무려 1,400만 원까지 벌어집니다.

그래서 사회 초년생에게 가장 중요한 건, 당장 대단한 수익을 내는 것이 아니라, 시간의 힘을 믿고 꾸준히 관리하는 것이죠. 수익률 1%를 올릴 수 있는 선택을 하고, 자산을 지키고 불리는 구조를 갖추는 것. 그것이 진짜 자산관리의 시작이며 가장 단단한 출발입니다.

이제 막 자산관리의 문을 두드린 사회 초년생이라면, "나는 잘할 수 있다"보다 "나는 아직 배우는 중이다"라는 태도가 훨씬 더 바람직합니다. 투자도, 인생도 빠르게 앞서 나가는 사람이 아니라 오래 버티는 사람이 결국 성공한다는 것을 기억해야 합니다.

수익률과 투자 기간에 따른 자산 규모의 변화

단위: 만 원

수익률	1%	2%	3%	4%	5%	7%	10%	20%
현재	100.00	100.00	100.00	100.00	100.00	100.00	100.00	100.00
1년 후	101.00	102.00	103.00	104.00	105.00	107.00	110.00	120.00
2년 후	102.01	104.04	106.09	108.16	110.25	114.49	121.00	144.00
3년 후	103.03	106.12	109.27	112.49	115.76	122.50	133.10	172.80
4년 후	104.06	108.24	112.55	116.99	121.55	131.08	146.41	207.36
5년 후	105.10	110.41	115.93	121.67	127.63	140.26	161.05	248.83
10년 후	110.46	121.90	134.39	148.02	162.89	196.72	259.37	619.17
20년 후	122.02	148.59	180.61	219.11	265.33	386.97	672.75	3,833.76
30년 후	134.78	181.14	242.73	324.34	432.19	761.23	1,744.94	23,737.63
40년 후	148.89	220.80	326.20	480.10	704.00	1,497.45	4,525.93	146,977.16

매매 대신 포트폴리오를 구축해야 하는 이유

미래를 모르기 때문에 포트폴리오가 필요하다고요?

우리는 언제나 수익률이 높은 자산에 투자하고 싶어 합니다. 하지만 미래는 아무도 알 수 없습니다. 내 예상과 다르게 시장이 움직일 수도 있고, 갑작스러운 사건이 자산 가격에 큰 충격을 줄 수도 있습니다.

그래서 포트폴리오가 필요합니다. 포트폴리오는 수익을 최대화하는 전략이 아니라, 손실을 최소화하는 전략입니다. 누구나 "내 판단이 맞다"라고 믿지만, 시장은 언제든 그 믿음을 깨뜨릴 수 있습니다. 그렇다면 다양한 자산에 분산 투자해 리스크를 줄이고, 한쪽이 흔들려도 다른 자산이 방어할 수 있도록 구성하는 것이 핵심입니다.

ETF를 중심으로 주식, 채권, 금, 현금성 자산 등을 조합해두면, 어느 하나가 크게 흔들려도 전체 자산이 무너지지 않습니다. 이것이야말로 사회 초년생에게 가장 현실적이고 꼭 필요한 투자 전략입니다.

무엇이 안전자산이고, 무엇이 위험자산인가요?

안전자산과 위험자산을 구분하는 기준은 의외로 단순합니다. 원금 손실 가능성이 거의 없고 수익이 안정적이면 안전자산입니다. 미국 국채, 금, 일본 국채 같은 자산이 대표적이죠. 위기 상황에서도 가격 변동이 적고, 꾸준히 수요가 있기 때문입니다.

반대로 가격 변동이 크고 손실 위험도 높은 자산은 위험자산에 속합니다. 주식이나 원자재, 개별 코인 등이 여기에 해당합니다. 특히 개별 종목은 시장 전체보다 훨씬 큰 변동성을 보이기 때문에 '위험' 자산으로 분류됩니다.

하지만 여기서 중요한 사실 하나를 짚고 넘어가야 합니다. 우리가 말하는 '안전'이란 어디까지나 법정화폐 기준, 즉 명목금액의 안전이라는 점입니다. 예금은 분명히 안전자산이지만, 인플레이션이 심해지면 실질 가치는 줄어듭니다. 그렇다면 과연 이게 진짜 안전할까요?

30년간 예금만 유지한 사람과, 적절한 시기에 부동산이나 우량주에 투자한 사람을 비교해보면 답이 보입니다. **화폐가치가 꾸준히 떨어지는 시대에는 안전 또한 상대적인 개념입니다. 진짜 안전한 자산이란, 시간이 지나도 실질 가치를 지켜주는 자산이어야 합니다.**

투자금
대출의 활용

대출은 어떻게가 중요하다고요?

정부와 기업 모두 차입을 통해 경제활동을 합니다. 이제 개인도 대출을 피하기 어려운 시대입니다. 개인이 **차입**♣ 없이 결혼하고, 집을 사고, 투자를 하기란 현실적으로 거의 불가능합니다.

따라서 "대출을 할까 말까?"라는 질문은 의미가 없습니다. 대신 "언제, 얼마를, 어떤 조건으로 빌릴 것인가"와 "그 돈을 어떻게 활용하고 관리할 것인가"에 집중해야 합니다. 투자를 위해 대출을 활용할 때는 단순히 이자율만 고려하는 것이 아니라, 전체 투자 기간과 이자 상환 계획, 예상 수익률까지 함께 계산해야 합니다. 즉, 대출을 받는 순간부터 이자율 역시 전략의 일부가 되는 셈입니다.

차입: 돈이나 물건을 꾸어 들임.

자산 규모 레벨업을 위한 투자, 얼마가 필요할까요?

자산 규모를 키우기 위해서는 결국 투자금이 필요합니다. 아무리 정보와 전략이 있어도, 실행할 돈이 없다면 말 그대로 책 속 이야기로 끝납니다.

사회 초년생이 초기 2년 동안 어느 정도 규모로 투자를 시작해야 하는지에 대해서는 앞에서 다뤘습니다. 일반적으로 3개월치 월급 이내에서 시작하고, 반년이 지나면 6개월치 월급 이내, 1년 후에는 연봉 2배 이내 수준이 적당합니다. 2년 정도 경험을 쌓으면, 책이 아니라 자신의 경험이 다음 투자 규모를 알려줄 것입니다.

투자 규모를 정할 때 가장 중요한 점은 '투자에는 손실이 따를 수 있다'는 것입니다. 예를 들어 연봉의 2배를 투자했는데 시장 상황이 좋지 않아 50% 손실이 발생한다면, 1년치 연봉이 사라지는 셈입니다. 이를 다시 모으려면 최소 3~4년이 걸릴 수 있습니다.

작은 이익에 들뜨지 말고, 손실이 나더라도 일상생활이 무너지지 않는 선에서 포트폴리오를 설계해야 합니다. 2년 이상 투자를 이어가다 보면, 남이 알려주는 것이 아니라 자신이 감내할 수 있는 투자 규모를 자연스럽게 받아들이게 됩니다. 서두르지 말고, 경험과 시간에 따라 차근차근 대응하세요. 투자금은 단순한 숫자가 아니라, 내 삶의 기반이기 때문입니다.

파이어족, 진짜 가능한 걸까요?

요즘 많은 사람이 "일은 그만하고, 자산소득으로 살고 싶다"고 말합니다. 이른바 파이어족FIRE으로, 젊을 때 극단적으로 절약하고 투자해 30대 말이나 40대 초반에 조기 은퇴하는 것을 목표로 하죠.

빠른 은퇴를 목표로 경제활동과 투자를 하는 것은 이론적으로 가능합니다. 다만 현실은 호락호락하지 않습니다. 현재의 고비용 사회와 빠르게 늘어나는 평균 수명을 고려하면, 단순히 절약만으로 파이어족이 되기는 어렵습니다. 결국 핵심은 투자이며, 투자 없이 조기 은퇴를 이루기는 거의 불가능에 가깝습니다.

그렇다면 조기 은퇴에 조금이라도 가까운 생활은 가능할까요? 방법은 소득과 소비의 비율을 조정하는 것입니다. 예를 들어 직장생활 중 생산이 8이고 소비가 2였다면, 은퇴 후에는 생산이 2, 소비가 8이 되어야 합니다.

파이어족이 되고 싶다면, 처음에는 생산 9:소비 1로 출발해 자산을 축적한 뒤, 점차 7:3, 5:5처럼 균형을 맞춰 나가는 접근이 현실적입니다. 초기에는 일반 직장인보다 더 열심히 생산하고, 투자와 N잡러 활동을 병행해야 합니다. 예를 들어 월 500만 원이 필요한데, 전부 월급으로 충당해야 하는 상태라고 합시다. 시간이 지나 자산소득으로 월 100만 원이 생기면, 그만큼 소비 여유가 생기겠죠. 자산소득이 월 500만 원이 된다면, 파이어족에 가까워졌다고 볼 수 있습니다.

하지만 이 **모든 과정에는 계획적인 소비, 투자, 대출 활용이 병행되어야 한다는 점**을 기억해야 합니다.

투자 시기와 대상

지금은 늦었고, 그때는 무서웠다

왜 제가 사면 떨어지나요?

"내가 사면 꼭 떨어지고, 내가 팔면 꼭 오른다."

투자를 하다 보면 여러 번 경험할 것입니다. 그냥 말이 아니라, 현실 투자에서 진리일 때가 많습니다. 대부분 사람들은 같은 감정과 비슷한 정보 속에서 투자 타이밍을 판단하기 때문에, 사고파는 시점이 겹치는 경향이 있습니다. 사회 초년생이라면 이런 흐름에 휩쓸리지 않도록 더욱 신중해야 합니다.

기본적으로는 적립식 투자와 충분한 유동성 확보를 유지하면서, '특별한 기회'가 왔을 때 과감하게 레버리지를 활용하는 전략이 필요합니다. 그 기회가 언제 올까요? 걱정하지 않아도 됩니다. 대중이 두려움에 떨며 시장을 떠날 때, 기회는 찾아옵니다. 언론과 유튜브, 뉴스에 투자자 손실 이야기만 나오고, "투자는 끝났다"는 말이 돌 때가 바로 그 시점일 수 있습니다.

예를 들어 1998년 IMF, 2008년 금융위기, 2020년 코로나19 팬데믹 초반과 같은 시기입니다. 당시에는 누구도 투자 이야기를 하지 않았지만, 시간이 지나 보면 가장 낮은 가격과 가장 큰 기회였던 경우가 많습니다. 최근 2024년, 모두가 한국 시장을 떠나는 분위기 역시 좋은 투자 기회였습니다.

반대로, 모두가 미국 주식이나 금에 몰리는 시기에는 오히려 조심해야 합니다. 반대로 한국 주식이 망했다는 말이 돌고 관심조차 줄어드는 시점이라면, 자산이 반등할 확률이 더 높을 수 있습니다.

시장의 매매 타이밍 신호는 내 감정이 아니라, 대중의 감정 속에서 나온다는 점을 기억해야 합니다. 사회 초년생이라면 투자 타이밍을 오직 본인 판단에 의존하지 말고, 세상의 분위기를 읽는 연습을 해보는 것이 중요합니다.

평상시와 위기 상황에 다른 전략을 사용하나요?

투자와 자산관리는 단순히 매일 같은 방식으로 반복하는 것만으로는 충분하지 않습니다. 평상시의 자산관리와 위기 상황에서의 대응 전략은 달라야 합니다.

그렇다면, 투자 대상으로 무엇을 선택해야 할까요?

평상시에는 인덱스 펀드나 ETF처럼 시장 전체를 추종하는 평균 투자 방식이 유리합니다. 일등주를 모아가는 방법도 효과적입니다. 특히 사회 초년생이라면, 공부와 분석에 충분한 시간을 쓰기 어렵기 때문에 나만의 판단보다 시장을 따라가는 전략이 더 효율적이고 안전합니다.

그러나 위기 상황이라면 얘기가 조금 달라집니다. 큰 손실을 본 자산, 모두가 외면한 자산이 오히려 투자 기회가 됩니다. 단, 이때도 기본 전제는 '부도가 나지 않을 자산'이어야 합니다. 예를 들어 대형 우량주는 망할 가능성이 적고, 위기 상황에서도 회복 가능성이 높습니다.

정리하면 투자 전략은 이렇게 나눌 수 있습니다.

- ✓ **평상시: 인덱스 ETF + 일등주 중심 투자**
- ✓ **위기 시: 손실 폭이 큰 자산 중 신용도가 높은 자산 선별 투자**

이렇게 구분만 해도 실패 확률을 크게 낮추고 자산 형성의 기반을 다질 수 있습니다.

시장이 말을 걸을 때까지 기다리라고요?

사회 초년생이 직장생활을 하면서 종목을 분석하고 투자 리포트를 꼼꼼히 읽는 것은 현실적으로 쉽지 않습니다. 전업 투자자에게도 쉽지 않은 일입니다. 그렇다면 방법이 없을까요?

이 책이 추천하는 접근법은 단순하면서도 실용적입니다. 뉴스를 보고, 사람들이 어떤 자산을 외면하고 있는지를 관찰하세요. 단순한 데이터 분석이 아니라, 세상이 싫어하는 자산에 주목하는 것입니다. 그런 자산이 미래에는 반등할 가능성이 높습니다.

물론 단기적으로 더 떨어질 수도 있고, 모든 투자가 성공하는 것은 아닙니다. 하지만 이렇게 시장의 시선을 관찰하는 습관을 들이면, 나중에는 정보에 휘둘리지 않고 스스로 판단할 수 있는 눈을 갖게 됩니다.

투자는 '무엇을 고르느냐'보다 '언제 들어가고 얼마나 버티느냐'가 더 중요할 때가 많습니다. 타이밍과 대상, 판단의 힌트는 내 안에만 있는 것이 아니라, 시장의 언저리에서 조용히 기다리고 있습니다.

조급해하지 말고, 시장이 말을 걸어올 때까지 귀를 열어두세요. 사회 초년생도 충분히 활용할 수 있는 전략입니다.

매매 타이밍을 알려주세요!

많은 사회 초년생이 "언제 들어가야 할지 모르겠어요."라고 말해요.

사실 시장은 힌트를 꽤 자주 줍니다. 예를 들어, 뉴스에서 어떤 자산의 손실이 연일 보도될 때, 오히려 그 순간이 투자 기회가 될 수 있습니다. 최근 사례만 봐도 HSCEI 연계 ELS 상품이나 독일 국채형 금리 상품이 큰 손실로 뉴스에 나온 적이 있죠. 이런 시점에 투자 기회를 포착한 사람들은 이후 반등장에서 좋은 수익을 얻었습니다.

저는 이를 하이에나 전략이라고 부릅니다. 사람들은 사자처럼 멋지게 움직이며 큰 먹잇감을 잡고 싶어 합니다. 하지만 사자가 매번 성공할까요? 현실에서는 3일에 한 번 성공하기도 어렵습니다. 하이에나는 이미지가 좋지는 않지만, 적은 노력으로 안전하게 먹잇감을 확보합니다.

투자에서도 마찬가지입니다. 적은 노력으로 안정적으로 수익을 쌓아가는 방법이 있습니다. 중요한 건 대중이 가장 괴로워할 때, 자산이 되살아나는 시점을 보는 것입니다. 결국 반대로 생각하고, 그 생각을 실행할 용기가 필요합니다. 대중이 망했다고 느낄 때, 그 자산이 기회를 줄 수 있습니다.

타인의 감정과 시장의 분위기를 읽고, 흔들리지 않으며 실행하는 용기. 그것이 투자에서 성공의 핵심입니다.

투자는 시간과의 싸움

지금 뒤처져도 괜찮을까요?

우리는 자주 남과 자신을 비교하며 불안해합니다. 같은 학번 친구가 아파트를 샀거나 대기업에 다닌다면, 괜히 나만 뒤처진 기분이 들죠. 하지만 마라톤을 떠올려보세요. 출발선에서 앞서 나간 사람이 끝까지 1등을 하는 건 아닙니다. 늦게 출발했더라도 페이스를 잘 조절하며 꾸준히 달리는 사람이 결국 멀리 갑니다.

투자에서도 비슷한 현상이 나타납니다. 특히 단기매매를 하는 사람들은 군중심리의 영향을 크게 받습니다. 사람들이 몰려드는 자산은 오르기 쉽고, 반대로 외면받는 자산은 떨어지기 마련입니다. 대부분의 개인 투자자는 뉴스와 주변의 이야기에 흔들리며 '지금 사고, 지금 팔아야 한다'는 압박을 느끼죠. 많은 투자자가 처음엔 안정적인 ETF로

차곡차곡 투자하다가 친구들이 단타로 큰 수익을 냈다는 이야기를 듣고, 유행 종목으로 갈아탄 순간 원금이 반토막 나는 경우가 많습니다.

《군중심리》에서 말하듯, 대중이 두려워할 때 과감히 기회를 잡고, 대중이 열광할 때 조심하는 태도가 필요합니다. 하지만 사회 초년생에게 가장 중요한 건 군중의 움직임에 따라 흔들리는 것이 아니라, 시간을 믿고 꾸준히 기다리는 것입니다. 투자 성과는 하루아침에 생기지 않습니다. 한 달, 1년 안에 수익을 내겠다는 조급함보다는 3년, 길게는 10년을 바라보며 포트폴리오를 유지하고 관리하는 태도가 결국 진짜 힘을 발휘합니다.

투자는 장기전입니다. SNS에서 보이는 성공담은 실제 현실과 다를 수 있습니다. **오늘 한 번의 매수와 매도가 인생을 바꾸지 않습니다. 시간이 흐를수록, 꾸준히 관리한 포트폴리오가 진짜 가치를 만들어 냅니다.**

기다리기 너무 힘들어요

우리는 종종 기다리는 게 손해라고 느낍니다. 뭔가를 하지 않으면 불안하니까요. 하지만 진짜 부를 쌓은 사람들을 보면 한 가지 공통점이 있습니다. 바로 '좋은 자산에 오래 투자했다'는 점입니다.

예를 들어보겠습니다. 2010년에 삼성전자 주식을 산 사람과 2020년에 산 사람, 1년 단위로 사고판 사람 중 누가 가장 높은 수익을 냈을까요? 답은 간단합니다. 2010년에 사고 10년간 묵묵히 기다린 사람입니다. 그 사이 시장에는 악재도 있었고, 주가도 오르락내리락했지만, 결국 시간은 모든 것을 해결했습니다.

이처럼 기다림은 행동하지 않음이 아니라 지켜보는 선택입니다. 무작정 참는 것이 아니라, 계획된 인내인 셈이죠. 매달 조금씩 투자하고, 좋은 자산을 선택하며, 시장 변동에 흔들리지 않는 것. 이것이 진짜 '기다리는 법'입니다.

하루는 누구에게나 24시간입니다. 그 안에서 어떤 선택을 하느냐가 결과를 바꿉니다. 지금 당장 주식 계좌에 100만 원밖에 없어도 괜찮습니다. 매달 10만 원씩 꾸준히 투자하고, 무리해서 대출받지 않으며 소비를 관리하세요. 여유자금이 생기면 ETF나 인덱스 펀드에 차근차근 투자하는 것도 좋습니다.

이 모든 행동이 결국 시간이라는 나무에 복리라는 열매를 맺게 만듭니다. 기다림과 꾸준함, 그것이 투자에서 가장 강력한 힘입니다.

과거와 달라진 부동산

기성세대의 부는 왜 부동산에서 시작됐을까요?

기성세대, 특히 부모님 세대의 자산을 들여다보면 대부분 한 채의 부동산에 집중되어 있습니다. 예금도, 주식도, 사업도 아닌 아파트 한 채가 전부인 경우가 많죠. 갭 투자라는 이름으로 전세를 끼고 아파트를 사면, 몇 년만 지나도 자연스럽게 가격이 올랐으니까요.

지금처럼 복잡한 계산을 하지 않아도 됐고, 공급은 적고 수요는 많았으며, 인구는 꾸준히 증가하고 금리는 높았던 시대였습니다. 덕분에 부동산은 기성세대의 자산 증식 도구로 자리 잡았고, 많은 사람이 큰 돈을 벌 수 있었습니다.

그런데 이 공식, 지금도 유효할까요? 안타깝지만, 지금은 조금 다릅니다.

갭투자 지금도 괜찮을까요?

과거에는 1억 원만 있으면 전세를 끼고 4억 원짜리 아파트를 살 수 있었습니다. 전세가 오르면 대출을 갚을 수 있었고, 실질적으로 자산이 생기는 구조였죠. 하지만 지금은 전세가가 오르지 않거나, 오히려 떨어지는 경우도 많습니다. 무엇보다 대출 심사 기준이 소득 중심으로 바뀌면서, 갭 투자 자체가 사실상 어려워졌습니다. 2025년 6.27 정책으로 대출 한도가 6억 원으로 제한되었고, 대출을 받으면 6개월 내 입주해야 하므로 사회 초년생이 쉽게 진입하기 힘든 구조가 되었습니다.

정부의 부동산 정책도 무주택자와 1주택자 중심이어서, 저가 주택을 먼저 사두는 전략 역시 예전처럼 효과적이지 않습니다. 사회 초년생이 이 상황에서 무리하게 첫 집을 매입하면 오히려 기회를 잃을 수 있습니다.

서울 한복판의 재건축 아파트가 15억 원에 분양된다면, 일반 분양 물량은 1,000세대 중 100~150세대뿐입니다. 나머지는 기존 소유자 몫이거나 공공임대이고, 분양받는 사람들 역시 대부분 자산가입니다. 사회 초년생이 그 사이에 끼어들기는 현실적으로 어렵습니다.

차라리 지금은 근로소득과 투자 수익으로 자산을 먼저 불린 뒤, 몇 년 후 좀 더 명확한 판단이 가능할 때 부동산을 진지하게 고민하는 것이 현명한 접근일 수 있습니다.

인구가 줄어서 집이 남아돌지 않을까요?

이제 인구는 줄고 있으며, 세대당 구성원 수도 작아졌습니다. 신축 아파트는 전국 곳곳에 넘쳐나고 있고, 특히 지방에서는 "저 많은 아파트에 다 누가 살까?" 싶을 정도로 공급이 많습니다. 일부 인기 지역, 서울 중심지의 고가 아파트를 제외하면, 대부분 지역은 예전처럼 무조건 오르는 구조가 아닙니다.

뉴스에서 "집값이 올랐다"는 기사가 많아도, 실제로 가격이 오른 것은 극소수 아파트에 불과합니다. 반대로 지방 아파트는 팔고 싶어도 살 사람이 없어 매물이 쌓이는 경우가 많습니다. 부동산 시장의 양극화가 극심해진 것이죠.

주거 목적으로 집을 구한다면 서울 변두리까지도 거품 없는 가격으로 구입이 가능합니다. 그러나 사람들은 가격 상승 가능성이 있어 보이는 고가 아파트에 집중하고, 그 과정에서 상대적 박탈감만 확인하게 됩니다. 인구는 줄어들지만, 체면과 포장을 중시하는 문화 덕분에 고가 아파트에 대한 수요는 유지될 가능성이 있습니다.

결국 **우리가 사고 싶은 아파트는 부족하지만, 우리가 살 수 있는 집은 부족하지 않습니다.** 사회 초년생이 웬만한 대출을 받아 고가 아파트를 구매한다고 해도, 과거처럼 안정적인 가격 상승을 기대하기는 어렵습니다. 세상에는 싸이클이 있습니다. 따라서 **사회 초년생은 부동산보다 주식과 디지털 자산에 좀 더 관심을 두는 것이 현실적일 수 있습니다.**

부동산, 이제는 투자 대상이 아닌 주거 수단

사회 초년생에게 가장 먼저 필요한 건 주거입니다. 직장 근처, 출퇴근이 편리하고 인프라가 갖춰진 곳에서 살고 싶겠죠. 하지만 그런 곳일수록 월세든 전세든 부담이 큽니다. 매매는 더 말할 것도 없고요.

아무리 열심히 일하고 대출을 최대한 받아도 살 수 있는 아파트는 가격 상승 가능성이 낮은 외곽 소형 주택인 경우가 많습니다. 반대로 사람들이 주목하는 핵심 입지 아파트는 가격이 너무 높고, 그렇지 않은 곳은 매력도 적고 상승 가능성도 낮습니다. 무리하게 내 집 마련을 해도, 집값이 오르지 않으면 결과적으로 빚만 남고 기회비용만 커지죠.

게다가 1인 가구와 2인 가구가 늘어나면서 오피스텔, 고시원, 공유주택 같은 대체 주거 형태도 다양해졌습니다. 즉, 집이 부족해서 못 사는 시대는 아닙니다. 진짜 문제는 내가 살고 싶은 집은 너무 비싸고, 내가 살 수 있는 집은 오를 가능성이 낮다는 현실입니다.

부동산은 규모가 크기 때문에, 방향을 잘못 잡으면 회복에 수년이 걸릴 수 있습니다. 외곽 빌라나 저가 주택을 급히 매입했다가 정책상 무주택자 혜택을 놓치고, 유동성까지 묶인 채 어중간한 위치에 갇히는 경우도 많습니다.

그래서 요즘 사회 초년생들은 차라리 전세나 월세로 살면서, 내 집 마련 기회를 좀 더 좋은 곳에서 쓰는 전략을 택합니다. 사회 초년생에게 부동산은 이제 투자 대상이 아닌, 주거 수단이 되어야 합니다.

요약과 결론

마라톤은 이제 시작이에요

투자는 마치 마라톤과 같다고 앞에서 말했죠. 지금 당신은 그 출발선에 섰습니다. 물론 당신보다 앞선 친구들도 있을 거예요. 그런데 우리는 그것보다 중요한 걸 배웠습니다. 이 책을 읽으며 어떤 마음가짐으로 달려갈지 생각했나요?

혹시 달리다가 돌부리에 채이거나, 방향을 잠시 놓치거나, 너무 빨리 달려 지쳐 쉬고 싶을 때가 올 수도 있어요. 그럴 땐 잠깐 멈춰 호흡을 가다듬고, 다시 출발하면 됩니다. 투자도 마찬가지예요. 포기하지 않는 한, 당신은 결코 실패하지 않습니다.

나를 믿고 기다릴 줄도 아는 사람 되기

자산관리는 결국 내가 기다릴 줄 아는 사람이 될 수 있는가의 싸움이에요. 소비를 조금 미루는 것도 기다림이고, 대출을 관리하는 것도 기다림이에요. 내가 원하던 수익이 아직 오지 않았더라도, 그 자산을 지켜내는 것 역시 기다림이죠. 이런 과정들이 모여 미래의 나를 도와줄 든든한 자산이 됩니다.

사회 초년생인 당신의 출발은 불안하고 부족할 수 있어도, 결승선이 그럴 거라고 걱정할 필요는 없어요. 오히려 지금 작은 불안을 잘 넘긴 사람이 훗날 훨씬 더 단단한 자신만의 성을 지을 수 있습니다. 그러니 두려워하지 마세요. 이미 당신은 잘하고 있고, 앞으로도 잘해낼 수 있어요.

인생은 길고, 자산관리는 그 길을 조금 더 안정적이고 따뜻하게 만들어 주는 도구입니다. 이 책이 당신의 투자 여정의 첫 페이지가 되어주길, 그리고 언제든 다시 펼쳐볼 수 있는 작은 도구가 되길 바랍니다.

조금 더 알아보기

투자는 결국 심리 싸움

주식 투자를 하면서 가장 어려운 건 뭘까요? 바로 내 마음을 다스리는 일이에요. 돈과 숫자가 아니라, 바로 나 자신과의 싸움입니다. 그래서 투자 고수들은 흔히 이렇게 말하죠. "투자는 심리 게임이다."

1. 심리 투자, 그 불변의 법칙

마크 더글라스는 《심리 투자 불변의 법칙The Disciplined Trader》에서 이렇게 이야기합니다. "시장은 우리가 생각하는 대로 움직이지 않는다. 중요한 건 시장을 내 방식으로 바꾸려 하지 않고, 자신의 심리를 통제하며 시장을 따라가는 것이다."

즉, 투자에서 수익과 손실을 좌우하는 건 시장이 아니라, 내 감정과 판단이라는 거예요.

알렉산더 엘더도 비슷한 관점을 강조했어요. 그는 투자자를 "세 가지 눈으로 보는 사람"으로 비유했습니다.

- **시장의 눈**: 객관적으로 가격과 흐름을 읽는 눈
- **자신의 눈**: 감정과 충동을 인식하는 눈
- **타인의 눈**: 대중 심리를 읽고 과열이나 공포를 판단하는 눈

엘더는 특히 감정 관리가 투자 성과의 50~70%를 결정한다고 강조했습니다.

2. 심리 게임의 대가, 앙드레 코스톨라니

앙드레 코스톨라니는 이렇게 말했죠.

"주식시장에서 가장 위험한 적은 상대방이 아니라, 바로 자기 자신이다."

즉, 누구나 정보와 전략을 배울 수 있지만, 자기 마음을 통제하지 못하면 누구도 시장에서 살아남기 어렵다는 의미예요. 그의 경험에서, 과도한 공포나 탐욕 때문에 큰 기회를 놓치거나 손실을 키운 사례는 수도 없이 많았습니다.

3. 사회 초년생에게 주는 실전 팁

- **감정 매매를 피하세요:** 시장이 요동칠 때 충동적으로 매수·매도하지 말고, 미리 정한 전략을 따르세요.
- **손절과 목표를 미리 정하세요:** 심리적 불안을 줄이는 가장 간단한 방법은, 계획을 미리 세우는 겁니다.
- **작게 시작하세요:** 처음부터 큰 돈을 투자하면 불안과 스트레스가 커집니다. 소액으로 경험을 쌓으며 자기 감정을 관찰하세요.
- **남과 비교하지 마세요:** 시장에서 누군가 큰 수익을 냈다고 조급해할 필요는 없습니다. 투자는 '내 페이스'가 가장 중요합니다.
- **관찰하고 기록하세요:** 오늘 내가 왜 매수·매도를 했는지, 어떤 감정이 있었는지 적어보세요. 투자 일지를 쓰는 것만으로도 심리 훈련이 됩니다.

투자는 지식과 전략만으로는 충분하지 않습니다. 심리 싸움을 이겨내야 장기적으로 살아남을 수 있습니다. 마크 더글라스, 엘더, 코스톨라니 모두 한목소리로 말합니다. "투자에서 가장 어려운 적은 시장이 아니라, 바로 자기 자신이다."

사회 초년생이라면, 아직 돈과 경험이 많지 않아도 괜찮아요. 작게 시작하고, 감정을 관찰하고, 자기 페이스를 지키는 것이 바로 투자의 첫걸음입니다.

◎ 부록 ◎

질문과 대답

이혜*

Q **요즘 기후 위기, 에너지 전환, 탄소중립 같은 이슈들이 자주 들려오고, 산업 전반에도 큰 영향을 줄 것 같아요. 이런 변화들이 개인의 자산관리나 투자에도 영향을 미치게 될까요? 또 ESG(환경·사회·지배구조) 투자나 친환경 테마에 투자할 때 주의할 점이 있다면 함께 듣고 싶습니다.**

A 기후 문제는 우리 시대가 외면할 수 없는 중요한 이슈입니다. 산업 전반에 크고 작은 변화를 가져올 것이고, 그 흐름은 앞으로도 계속될 겁니다. 따라서 이런 흐름을 인식하고 관심을 갖는 건 매우 바람직한 태도예요.

다만 사회 초년생의 입장에서 이 이슈를 곧바로 투자 전략으로 연결하는 건 조금 조심스러워야 합니다. 기후나 ESG 같은 큰 흐름은 중장기적으로 산업 구조와 사회 시스템에 영향을 주는 방향이지, 단기간에 수익을 얻을 수 있는 테마는 아니기 때문이죠.

물론 ESG 지수나 펀드 같은 금융상품들이 시장에 많습니다. 하지만 이런 상품은 대규모 자금을 장기적으로 운용하는 연기금이나 기관투자자들에게 더 적합한 경우가 많아요. 사회 초년생이라면 오히려 '지금 많은 사람이 어디에 관심을 갖고 있는가, 어떤 산업과 기술이 변화를 이끌고 있는가'를 관찰하는 것이 더 실질적인 투자 전략이 될 수 있습니다.

저는 이런 주제를 클래식 음악에 자주 비유하곤 합니다. 클래식은 고귀하고 아름답지만, 전공하거나 생업으로 삼으려면 오랜 시간과 큰 노력이 필요하죠. ESG나 친환경 투자도 마찬가지예요. 의미 있는 주제이지만, 그것이 곧바로 수익으로 이어지는 건 아니라는 점을 이해할 필요가 있습니다.

투자의 본질은 결국 '수익'입니다. 따라서 내 가치관이나 철학만으로 결정하기보다는, 남들이 어디에 관심을 갖고 있고 자금이 어디로 몰리고 있는지를 읽는 것이 훨씬 중요해요. 그래서 이 책 전반에서 말씀드린 것처럼 저는 '평균을 따르는 전략', 또는 '일등을 따라가는 이등 전략'을 권합니다. ESG를 지지하더라도 아직 시장에서 충분히 자리 잡지 못했거나 수익으로 연결되지 않는다면, 잠시 기다리거나 평균적인 지수에 투자하면서 경험을 쌓는 게 현명할 수 있습니다.

결국 중요한 건, 나의 가치와 시장의 흐름을 균형 있게 바라보는 눈입니다. 지속 가능한 가치에 공감하면서도, 지금 내게 필요한 전략은 무엇인지 차분히 고민해 보세요. 조급해할 필요는 없습니다. 기회는 언제든 다시 찾아옵니다.

김채*

Q 요즘 주식 투자에 관심이 생겨 계좌를 만들어보려고 하는데, 증권사를 고르는 게 생각보다 어렵더라고요. 2024년 기준 등록된 증권사가 40개쯤 된다던데, 수수료, 앱 편의성, 서비스 품질 같은 요소를 어떤 기준으로 봐야 할까요? 그리고 규모가 작은 증권사는 괜찮은지, 안정성이나 서비스에서 불리한 점이 있을지도 궁금합니다.

A 처음 증권사를 고를 때는 "이게 뭐가 그렇게 중요할까?" 싶지만, 막상 계좌를 만들면 대부분 계속 같은 증권사를 쓰게 됩니다. 너무 깊게 고민할 필요는 없지만, 한 번쯤 자신에게 맞는 기준을 생각해보는 건 좋아요.

먼저, 수수료는 생각보다 큰 차이를 만들지 않습니다. 요즘은 대부분 증권사가 수수료를 거의 무료 수준으로 낮추고 있어요. 특히 장기투자처럼 거래가 자주 일어나지 않는 경우라면 수수료는 더 중요하지 않습니다.

모바일 앱의 사용 편의성과 서비스 품질도 중요한 요소지만, 직접 써보지 않으면 비교하기 어렵습니다. 지금 편하다고 해서 앞으로도 계속 편하다는 보장은 없죠. 오히려 최근 시스템을 새로 개발한 중소형 증권사 앱이 더 직관적이고 빠른 경우도 많습니다.

'작은 증권사라서 불안하지 않을까?' 하고 걱정할 수 있는데, 한국 금융시장에서는 개인 투자자의 위탁금이 신용 문제로 손실을 입는 경우는 거의 없었습니다. 사회 초년생처럼 소액으로 시작하는 단계라면 안정성에 대한 걱정은 지나치게 할 필요가 없습니다.

그렇다면 어떤 기준으로 고를까요?

- ✓ 사용자가 많은 안정적인 시스템을 갖춘 곳
- ✓ 수수료 부담이 적은 곳
- ✓ 무엇보다 나에게 '편한 느낌'이 드는 곳

친구를 사귈 때와 비슷해요. 꼭 이유를 설명할 수 없지만, 말이 잘 통하고 마음이 놓이는 사람이 있듯, 앱이 손에 잘 익고 접속할 때 스트레스 없는 증권사 하나면 충분합니다. 가장 중요한 건 어떤 증권사를 쓰느냐가 아니라, 내가 어떤 자산에 어떻게 투자하느냐예요.

그래서 저는 처음 투자할 때 가능하면 증권사 지점을 한 번 방문해 보는 것을 권합니다. 모바일로 계좌를 만들 수 있지만, 지점을 방문해 직원과 마주 앉아 얘기해보면 '진짜 투자를 시작하는구나' 하는 감각을 직접 느낄 수 있어요. 온라인 쇼핑보다 매장에서 직접 옷을 입어보는 경험처럼 기억에 남습니다.

정리하면, 증권사는 완벽한 정답이 있는 선택이 아니고, 내 리듬에 맞는 친구 같은 존재로 느껴지면 충분합니다. 너무 걱정하지 말고, 한 발짝만 가볍게 내딛어 보세요. 시작이 어렵지, 그 다음은 자연스럽게 흘러갈 거예요.

김채*

Q 근로소득과 투자 소득은 분리해서 생각하라고들 하잖아요. 그런데 어느 순간 투자 수익이 월급보다 많아지면 '이제 전업투자자로 전환해볼까?' 하는 생각도 듭니다. 저는 불확실성이 커서 지금처럼 안정적인 근로소득을 유지하는 게 좋다고 생각해요. 그런데 제 주변에는 직장을 그만두고 전업투자를 진지하게 고민 중인 친구도 있어요. 이럴 때 그 친구에게 현실적으로 어떤 조언을 해주면 좋을까요? 또 전업투자자라는 선택에 대해 고민할 때 꼭 체크해야 할 점이 있다면 무엇일까요?

A 이런 고민은 매우 현실적이고, 많은 분이 한 번쯤은 겪는 이야기예요. 특히 투자 수익이 조금씩 보이기 시작하면 '이게 내 길일 수도 있지 않을까?' 하는 생각이 자연스럽게 들죠.

먼저 생각해 볼 점은, 우리는 단지 돈 때문에 일을 하는 것만은 아니라는 거예요. 좋은 연봉을 받는 연예인이나 사업가들도 계속 일하는 이유는 단순히 수입 때문만은 아닐 거예요. 일은 때로 나를 증명해주고, 삶의 리듬을 만들어주는 중요한 축이 되기도 합니다.

그래서 지인이 전업투자를 고민한다면 이렇게 질문해보면 좋아요.

"요즘 네 일이 즐거워?"

"일을 안 하면 그 시간이 오히려 더 불안하지는 않을까?"

"지금 투자 수익이 앞으로도 안정적으로 이어질 수 있을까?"

"만약 충분한 자산이 있다면, 지금 하는 일 말고 정말 하고 싶은 다른 일이 있는 거야?”

이런 자기 질문 과정을 거치는 것이 중요합니다. 일을 평생 같은 강도로 하지 않아도 됩니다. 일과 삶의 비율을 8:2에서 7:3, 혹은 5:5로 조정해 일의 무게를 덜어낼 수도 있어요. 그러니 ‘그만둘까 vs 계속할까’라는 이분법적 고민보다는, ‘내 페이스에 맞게 어떻게 조율할까’를 먼저 생각하는 것이 더 현실적입니다.

또 전업투자 전환을 고민할 때, 필요한 한 가지 비유를 드릴게요.

테슬라에서 신차가 나왔다고 했을 때, 혹시 “멋지다, 저 차 타고 여행 가고 싶다”라고 먼저 떠오르나요? 아니면 “이 차 잘 팔리면 주가가 오르겠네. 부품을 공급하는 한국 기업은 어디지?”라는 분석이 먼저 떠오르나요?

전자는 소비자의 시선, 후자는 투자자의 시선이에요. 만약 세상을 자연스럽게 투자자의 눈으로 보는 습관이 몸에 배어 있다면, 전업투자자로 전환을 고려해볼 수 있습니다. 반대로 하루 대부분을 시장 상황 체크에 쓰는 것이 부담스럽고, 변동성이 감정에 크게 영향을 준다면 지금처럼 근로소득을 유지하면서 투자 비중을 조절하는 것이 더 맞아요.

결국 투자는 직업보다 꾸준한 라이프스타일로 접근하는 것이 현실적이고 지속 가능합니다. 지인에게는 이렇게 이야기해주면 좋습니다.

“꼭 전업만이 정답은 아니야. 네 성향과 생활 리듬에 맞는 방법이 무엇인지 먼저 천천히 고민해보자.”

무엇보다 중요한 건, 어떤 선택을 하든 스스로를 몰아붙이지 않고 자기 페이스를 지키는 것입니다. 인생과 투자 모두 장기전이니까요.

Q 워런 버핏이 "내가 세상을 떠난 후엔 아내에게 그냥 S&P 500에 투자하게 하라"고 조언했다는 이야기를 들었어요. 요즘은 바쁘다 보니 개별 종목 분석이나 시장 트렌드를 따라가는 게 어렵게 느껴집니다. 그래서 차라리 S&P 500 같은 지수에 투자하면서 예금보다 조금 더 높은 수익률을 노리는 게 저 같은 사회 초년생에게 더 안전하고 괜찮은 선택이 아닐까 싶어요.

현재 월급의 40%는 생활비, 30%는 예금, 30%는 S&P 500에 투자하는 식으로 포트폴리오를 구성해보려고 합니다. 이런 자산 배분 방식, 어떻게 보시나요?

A 정말 좋은 질문이에요. 단순히 숫자의 조합을 묻는 게 아니라, '내 돈을 어떻게 잘 지키고 키워나갈 수 있을까'를 고민하는 마음에서 나온 질문이잖아요. 그런 고민을 꾸준히 한다는 것 자체가 이미 자산관리의 절반은 해낸 거라고 생각합니다.

우선, 워런 버핏이 "S&P 500에 투자하라"고 말한 본질은 단순히 특정 종목이나 시장 타이밍을 맞추라는 것이 아니에요. '장기적으로 믿을 수 있는 자산을 꾸준하고 단순하게 가져가라'는 뜻으로 이해하면 됩니다.

실제로 S&P 500은 지난 수십 년간 미국 경제를 대표하는 500개 기업의 성장을 반영하며, 장기 투자자에게 좋은 성과를 안겨준 자산이었습니다. 하지만 중요한 점은, 과거의 성과가 앞으로도 계속될 것이라는 보장은 없다는 것이에요.

그래서 우리는 '무엇에 투자할까?'보다 먼저 '어떻게 투자할까?'를 고민해야 합니다. 답은 결국 자산 배분이에요. 단기적으로 어떤 자산이 더 높은 수익을 낼지는 아무도 예측할 수 없지만, 서로 다른 종류의 자산에 분산 투자하면 위험은 줄이고 기회는 늘리는 효과를 기대할 수 있습니다.

말씀하신 대로, 월급의 40%를 생활비로 쓰고, 30%는 예금, 30%는 S&P 500에 투자하는 방식은 굉장히 합리적인 접근이에요. 틀린 것도 없고, 오히려 무리하지 않는 좋은 배분이에요. 예금은 안정성과 심리적 안정을 주고, S&P 500은 성장을 따라갈 수 있게 해줍니다.

다만 한 가지 덧붙이자면, S&P 500만이 유일한 정답은 아닙니다.

미국 외에도 성장성이 기대되는 다른 국가나 산업, 그리고 미래와 맞닿은 테마(예: AI, 전기차, 헬스케어, 친환경)도 있습니다. S&P 500이 '평균 투자'를 상징한다면, 그 안에서도 '1등 기업'을 중심으로 한 ETF나 산업별 ETF로 눈을 넓혀 보는 것도 좋아요.

또, 자산 배분을 숫자처럼 딱 정해두고 경직되게 끌고 가기보다 '내 삶의 리듬'에 맞춰 조정할 수 있다는 유연성을 기억하세요. 이직이나 지출이 많아질 시기에는 예금 비중을 늘리고, 생활이 안정되면 투자 비중을 늘리는 식으로요.

암호화폐나 금 같은 자산이 아직 낯설다면, 전체 자산의 5~10% 정도를 '실험용 포트폴리오'로 투자해보는 것도 경험을 쌓는 좋은 방법이에요. 작게 경험하며 배우면 됩니다.

마지막으로 꼭 기억할 점은, 자산 배분에서 가장 중요한 기준은 '내가 편히 잠들 수 있는가'예요. 남들이 말하는 정답보다, 내 마음이 편안하게 이어갈 수 있는 방식이 훨씬 중요합니다.

지금처럼 감당 가능한 수준에서 조심스럽게 그러나 꾸준히 포트폴리오를 이어가는 선택, 정말 잘하고 있어요. 시간이 지나면 이 선택들이 분명 자산 관리의 좋은 기둥이 되어줄 거예요. 그러니 조급해하지 말고, 지금의 속도와 방향을 믿으세요.

Q 앞선 질문과 이어지는 이야기 같아요. 솔직히 시장은 하루가 멀다 하고 요동치고, 상황에 따라 유망한 종목도 자주 바뀌잖아요. 이런 흐름에 따라 시의적절하게 갈아타는 게 이상적인 전략이라는 건 알지만, 저처럼 본업이 바쁘고 여유가 없는 사람은 그런 식의 투자가 너무 벅차게 느껴집니다. 그럴 때는 어떤 투자 전략이 좀 더 현실적일까요?

A 정말 공감돼요. 본업만으로도 정신 없는데, 시시각각 변하는 시장 흐름까지 챙기자니 감당이 안 될 때가 많죠. 많은 사람이 "내가 이 흐름을 못 따라가고 있는 건 아닌가?" 하는 불안감을 느끼지만, 오히려 그 조급함이 무리한 결정을 만들기도 합니다.

그래서 먼저 말씀드리고 싶어요.

"괜찮아요. 모든 걸 다 알 필요도, 모든 종목을 갈아탈 필요도 없어요."

사회 초년생으로서 가장 중요한 건 일과 삶이라는 일상을 잘 유지하는 거예요. 투자는 그 일상 속에서 자연스럽게 이어져야 하고, 일상을 방해하는 스트레스로 변하면 안 됩니다.

저는 자주 이렇게 말해요. "공부보다 생각과 고민이 더 중요하다."

물론 공부도 필요하지만, 투자처럼 사람의 감정과 선택이 얽히는 분야는 교과서만으로 해결되지 않는 경우가 많아요. 핵심은 "사람들은 왜 그렇게 움직였을까?", "지금 시장에서 어떤 생각들이 돌고 있을까?"를 스스로 질문해보는 것이에요.

이런 관점에서 '투자의 타이밍'을 잡는 현실적인 방법은 나의 분석이 아니라 다른 사람들의 행동에서 힌트를 얻는 거죠. 예를 들어, 언론이나 커뮤니티에서

"이제 끝이다", "망했다", "바닥 뚫렸다"라는 말이 반복될 때가 있어요. 그럴수록 시장이 실제로는 바닥을 다지고 있을 가능성도 있습니다. '지금은 사면 안 될 것 같다'는 강한 감정이 들 때, 오히려 기회가 숨어 있을 수도 있어요. 물론 감당 가능한 범위 내에서 과감하게 행동해야 합니다.

하지만 현실적으로, 바쁜 사회 초년생이 그런 타이밍을 기다리며 정확히 잡는 건 쉽지 않아요. 그래서 무리한 타이밍 전략보다는 '장기적이고 단순한 투자', 그리고 '나의 삶과 페이스에 맞는 꾸준한 투자'가 더 현실적이고 안정적인 전략입니다.

결국 중요한 건, 투자가 내 삶을 부담으로 만들지 않으면서도, 시간을 두고 꾸준히 나의 자산을 키워가는 것이에요. 바쁜 일상에서 이 원칙만 지켜도 충분히 좋은 결과를 만들 수 있습니다.

쓰면 쓸수록
돈이 불어나는
투자일지

에필로그

일은 전력투구, 투자는 효율적으로

'일은 전력투구, 투자는 효율적으로.'

이 말이 지금 우리에게 가장 맞는 전략이에요. 직장에서 인정받고 성장의 기반을 다지는 것이 지금 가장 중요한 자산이거든요. 그런데 투자를 하느라 본업에 집중하지 못하면, 장기적으로 더 큰 기회를 놓칠 수 있어요.

그렇다면 '효율적인 투자'는 무엇일까요? 남들보다 앞서가는 것이 아니라, 남들과 너무 멀어지지 않는 것입니다. 쉽게 말해 인덱스 투자나 일등 기업 중심 ETF 같은 방식이에요. 공부가 많이 필요하지 않고, 시장 전체의 흐름을 따라가기 때문에 실패 확률도 상대적으로 낮아요. 특히 투자에 신경 쓸 시간이 부족하다면, 이것이 가장 안전한 길이에요.

기회는 언론이 알려줄 겁니다. 우리는 흔히 '좋은 투자 기회는 내가 발견해야 한다'고 생각하지만, 실제로 큰 기회는 언론과 대중의 움직임 속에서 자연스럽게 감지돼요. 모두가 빠져나가고 희망이 사라졌다고 느낄 때, 모두가 두려워할 때—그 순간이 바로 시장이 바닥을 다지고 있는 가능성의 순간이에요.

이런 타이밍은 자주 오지 않아요. 길게 보면 10년 안에 몇 번 있을까 말까죠. 그래서 조급해할 필요 없어요. 내가 해야 할 일은 기다리며 원칙을 지키고, 기회가 왔을 때 행동할 준비를 하는 것입니다. 그게 바로 전체 자산 비율에서 현금을 조금 보유해두는 이유이기도 해요.

결론적으로, 요즘처럼 바쁜 일상 속에서는 매일 종목을 살피고 시장을 예측하려 애쓰기보다, 믿을 수 있는 장기 전략을 세우고, 기회가 왔을 때 딱 한 발 내디딜 수 있는 용기를 준비하는 것이 더 나은 투자 전략이에요.

지금 나의 상황을 인정하고, 과감하게 '내가 잘할 수 있는 방식'으로 투자 방식을 조절하는 것. 그게 바로 현명한 사회 초년생 투자자의 모습이에요.

우리 모두 바쁘고, 아직 모르는 것도 많고, 때로는 불안하지만, 그 안에서도 나만의 리듬을 만들며 느리지만 단단하게 자산을 쌓아가길 바랍니다.

고맙습니다.

어서와~ 재테크는 처음이지?

초판 1쇄 인쇄 | 2025년 11월 7일
초판 1쇄 발행 | 2025년 11월 20일

지은이 | 신동국
발행인 | 안유석
기획 | 구준모
편집 | 심미정, 장성화
디자인 | 권수정
펴낸곳 | 처음북스
출판등록 | 2011년 1월 12일 제2011-000009호
주소 | 서울 강남구 강남대로 374 스파크플러스 강남 6호점 B219호
전화 | 070-7018-8812
팩스 | 02-6280-3032
이메일 | cheombooks@cheom.net
홈페이지 | www.cheombooks.net
인스타그램 | @cheombooks
페이스북 | www.facebook.com/cheombooks
ISBN | 979-11-7022-309-2 (03320)

* 잘못된 책은 구매하신 곳에서 바꾸어 드립니다.
* 책값은 표지 뒷면에 있습니다.
* 이 책에는 SUIT, 망고보드 또박체, 망고보드 별별, 머니그라피, 본고딕, 프리텐다드, 파셜산스 서체가 적용되어 있습니다.
* 이 도서는 2025년 문화체육관광부의 '중소출판사 도약부문 제작지원' 사업의 지원을 받아 제작되었습니다.